Ilona Bürgel

Die Kunst, die Arbeit zu genießen

Das Buch

Was hat denn Wohlbefinden mit Arbeit zu tun? Unsere Arbeit nimmt einen Großteil unserer Lebenszeit ein und trotzdem verbinden wir mit ihr nur allzu häufig Druck, Stress und lästige Pflicht. Dabei ist es wissenschaftlich nachgewiesen, dass wir genauso gut oder schlecht arbeiten, wie wir uns fühlen. Ilona Bürgel zeigt, wie wir Lebensfreude, Glücksmomente und Genuss in unseren beruflichen Alltag zurückbringen können. Freuen Sie sich (wieder) auf den Montagmorgen!

Die Autorin

Dr. Ilona Bürgel ist Diplom-Psychologin und Expertin für den Wirtschaftsfaktor Wohlbefinden. Sie führt nach 15 Jahren Management in der freien Wirtschaft seit 2005 ihr eigenes Unternehmen und ist eine gefragte Referentin, Beraterin und Kolumnistin. Ilona Bürgel lebt und arbeitet in Dresden und Aarhus (DK).

Ilona Bürgel

Die Kunst, die Arbeit zu genießen

Erfolg und neue Lebensfreude im Job

HERDER

FREIBURG · BASEL · WIEN

HERDER spektrum Band 6944

MIX
Papier aus verantwor-
tungsvollen Quellen
FSC® C083411

© Kreuz Verlag
in der Verlag Herder GmbH, Freiburg im Breisgau 2014

© Verlag Herder GmbH, Freiburg im Breisgau 2017

Umschlaggestaltung: Vogelsang Design
Umschlagmotiv: © Dudarev Mikhail/Fotolia

Satz: de·te·pe, Aalen
Herstellung: CPI books GmbH, Leck

Printed in Germany

ISBN 978-3-451-06944-4

Inhalt

Prolog: Was hat denn Arbeit mit Genuss zu tun?

Ich liebe Musik. Kürzlich hatte ich Konzertkarten und war voller Vorfreude. Ich hatte mir extra früher frei genommen, um gestärkt mit einem Nachmittagsschlaf und einem feinen Abendessen in Bestform zu sein. Auch das schicke Kleid sollte ausgeführt werden. Kurzum – ein genussvoller Moment stand bevor.

Meine Vorfreude auf die Musik wurde nicht enttäuscht. Wunderbare Klänge, die ich ausgeruht besonders genießen konnte. Bei Musik kann ich richtig auftanken, Körper und Seele, manchmal kann ich sie körperlich empfinden, wenn sie mich bewegt. So war es auch an diesem Abend. In der Pause krönte ein Glas Sekt den Genuss und auch Teil zwei war eine Freude für die Sinne. Das Publikum war begeistert. Ich auch, von der Musik.

Nicht aber vom Orchester. Die Musiker blickten die ganze Zeit drein, als ob sie dazu gezwungen würden, dort zu sitzen. Grimmige Mienen, kein Lächeln, auch nicht in den Pausen. Und kaum war der letzte Ton verklungen, griffen die ersten Musikerinnen nach ihren Taschen, sprungbereit. Ist nicht der Applaus der Lohn des Künstlers? Was war denn hier los?

Diese Frage beschäftigte mich etwas länger, denn ich war davon ausgegangen, dass einige Berufsgruppen ihren Traumjob haben. Insbesondere wenn man es geschafft hat, in einem der erfolgreichsten Orchester der Welt zu spielen. Offenkundig war es für diese Musiker nicht oder nicht mehr so.

Warum haben Sie Ihren Job ergriffen? Berufung, Talent? Vernunft? Das Bedürfnis, Geld zu verdienen? Wenn es um die Arbeit geht, »müssen« wir anscheinend mehr, als dass wir »wollen«. Auf der einen Seite stiftet Arbeit Sinn im Leben. Das Gefühl, gebraucht zu werden, ist befriedigend. Erfolgreich zu sein ist beglückend. Auf der anderen Seite überfordern wir uns, machen uns krumm für etwas, das wir oft nicht einmal mögen, und zahlen einen hohen Preis dafür – unsere Lebensfreude oder unsere Gesundheit.

Kennen Sie dieses Hin-und-her-gerissen-Sein nicht auch von einem anderen Thema? Genau. Vom Essen, genauer gesagt vom Schokoladeessen! Wir lieben und wir hassen sie. Sie bringt uns Wonne und Ängste. Wir befürchten, dass wir uns gehen lassen oder dass wir die Leckereien später als Hüftgold wiederfinden. Deshalb rationieren und schlemmen wir, wechseln zwischen Lust und Last.

Arbeit und Schokolade verbindet, dass wir ein ambivalentes Verhältnis zu ihnen haben. Beides ist bitter und süß zugleich. Überraschenderweise sind wir beim Naschen immer erfolgreich. Wir brauchen keine To-do-Liste, niemanden, der uns motiviert, keine Überwindung. Wir wünschen uns weder, dass es schnell vorbei ist, noch sind wir danach völlig verausgabt. Ein anderes Beispiel ist unser Urlaub. Auch hier erlauben und leben wir Genuss. Auch hier das gleiche Ergebnis: Alles gelingt, es geht uns gut.

**Wir können erfolgreich genießen –
nutzen wir doch diese Fähigkeit für unseren
ganz normalen Arbeitsalltag!**

Heben wir die Aufteilung zwischen angenehmen und unangenehmen Lebensbereichen auf. Unser Leben ist ein Ganzes und es gibt überhaupt keinen vernünftigen Grund, warum wir es uns dort, wo wir besonders viel Lebenszeit verbringen, nicht gut gehen lassen sollten. Heute, in einer Welt, die uns so viele Chancen und Möglichkeiten bietet. Wir brauchen nur zuzugreifen.

Ich gebe zu, vorher bedarf es noch einer Haltungsänderung. Denn: Genuss und Lebensfreude wünschen wir uns alle. Doch wie viel Platz haben sie wirklich in unserem Alltag? Wir erlauben es der Hektik, den Pflichten und dem Zeitdruck, ein festes Korsett um uns zu schnüren. Wir kümmern uns um alles und jeden, alles Mögliche und vor allem Unmögliche, nur nicht um uns selbst.

So sind wir aufgewachsen, so lehrt es uns unsere Kultur, so haben es unsere Eltern gemacht. Aber: Wir haben heute die Möglichkeit und die Notwendigkeit, uns anders zu entscheiden. Wenn ich in Unternehmen, mit denen ich zusammenarbeite, Sätze höre wie: »Früher hat mir meine Arbeit Freude bereitet« oder: »Wenn ich im Lotto gewinnen würde, wäre ich hier sofort weg«, dann spiegelt dies die Erschöpfung und Selbstüberforderung unserer Gesellschaft. Die Jahre des Sich-Mühens und Kämpfens fordern ihren Tribut.

Ich lade Sie ein zu einer neuen Perspektive. Wählen Sie den Genuss als Arbeitsmotto. Bleiben Sie gut gelaunt, gesund und leistungsfähig. Glückliche Menschen leben nicht nur länger und gesünder, sie sind auch produktiver, haben zufriedenere Kunden und verdienen mehr. Dies sind Forschungsergebnisse der Positiven Psychologie, der Wissenschaft von Glück und Wohlbefinden, die ich Ihnen in diesem Buch für Ihre Arbeit näherbringen möchte.

Damit Sie diese neue Art zu denken gleich anwenden können, finden Sie zahlreiche Praxistipps, die ich selbst und mit meinen Klienten erprobt habe. Aus dem schier endlosen Informationsschatz habe ich gefiltert, was fundiert, überzeugend und angenehm in der Anwendung ist. Auf diesem Weg gewinnen Sie Zeit und müssen sich nicht alles selbst erarbeiten. Wählen Sie einen Tipp pro Kategorie, den Sie anwenden. Falls Sie zunächst querlesen wollen, lohnt sich der Blick in das Best-of der Praxistipps.

Aus Gründen der besseren Lesbarkeit verwende ich nur die männliche Form der Substantive, aber natürlich spreche ich Frauen und Männer gleichermaßen an.

Und nun wünsche ich Lese-, Lebe- und Arbeitsgenuss!

Ilona Bürgel

I. Lebensfreude und Zufriedenheit bei der Arbeit – wo sind sie hin?

Die Grundidee: Wie Wohlbefinden unsere Arbeit versüßt

In meiner Arbeit spiele ich gern mit der Metapher der Schokolade. Weil ich sie selbst gern esse und weil sie ein wunderbares Beispiel dafür ist, dass wir durchaus wissen, wie es geht, gut für sich zu sorgen.

Die Schokolade begleitet uns ganz selbstverständlich durch das Leben. Dass wir mit ihr Freude und Genuss erleben, wird nie infrage gestellt. Natürlich machen wir uns auch Sorgen. Ob wir dick oder krank davon werden. Oder was die anderen über uns denken mögen, wenn wir hemmungslos naschen. Doch am Ende siegt der Spaß. Und das ist gut so, denn Spaß gestatten wir uns viel zu selten. Und: Was wir mit Spaß tun, gelingt einfacher und häufiger. So wie wir bei der Schokolade genau wissen, was wir wollen, das Beste für uns auswählen, sofort und mit Konsequenz handeln, uns der Freude an ihr hingeben, so sollten wir auch arbeiten und leben.

Stellen Sie sich nur einmal die vielen glänzenden Augen bei der Arbeit vor! Kollegen kämen Sie häufiger besuchen, statt E-Mails zu schreiben, um sich bei Ihnen mit guter Laune anzustecken. Chefs würden früh von lächelnden Mitarbeitern empfangen. Kunden kämen immer wieder, ohne dass Sie viel Werbung machen müssten, weil sie sich bei Ihnen und mit Ihnen gut fühlen. Sie würden nach der Arbeit mit guter Laune nach

Hause gehen, ohne an der Tankstelle einen Frusteinkauf zu machen. Und auf Unordnung im Kinderzimmer oder Probleme mit den Nachbarn würden Sie viel entspannter reagieren.

Sind Sie dabei? Falls nicht, sollten Sie vielleicht umdenken. Der Erfolg von Unternehmen wird heute nicht nur durch Technologievorsprung oder Pünktlichkeit entschieden, sondern auch durch das, was sich in den Köpfen und Herzen der Menschen abspielt. Kurzum, Ihr Wohlbefinden ist ein Wirtschaftsfaktor.

Der Versuch der deutschen Unternehmen, Mitarbeiter zu Höchstleistungen zu »motivieren«, ist an seine Grenzen gekommen. Viele haben die innere Kündigung abgegeben, die Engagierten brennen aus. Warum ist das so, trotz viel guten Willens auf allen Seiten? Bislang galten Überforderung, Umsatzdruck und Führung durch Angst als normal. Technische Ressourcen wurden besser gepflegt als menschliche.

Die Glücksforschung hat jedoch herausgefunden, dass Investitionen in die Steigerung der Produktivität durchaus zu Erfolgen führen – sie lassen sich aber nicht endlos steigern. Die Freude über das Erreichte hält oft nur kurz an, denn der Aufwand war einfach zu groß. Oder sie geht ganz unter im nächsthöheren Ziel, das unmittelbar folgt. Wenn das, was wir tun, nicht mehr bringt, was es soll, müssen wir etwas anderes tun.

Dass das Wohlbefinden bei der Arbeit in Bezug auf die Arbeitsproduktivität eine größere Rolle spielt als die Freude an der Arbeit, wurde von Sonja Lyubomirsky wissenschaftlich nachgewiesen. Demzufolge wird jemand, dem es gut geht, seine Arbeit besser erledigen, selbst wenn sie nicht so viel Spaß macht, als jemand, dem es schlecht geht, selbst bei dessen Lieblingsarbeit! Verantwortlich für das Wohl der Mitarbeiter sind jedoch nicht in erster Linie die Unternehmen, sondern jeder Einzelne selbst. Viele haben es verlernt, gut für sich zu sorgen. Es ist deshalb eine gesamtgesellschaftliche Aufgabe, Menschen wieder dazu zu ermutigen.

Vom Frust zur Lust: Nehmen Sie die Sache selbst in die Hand!

Fünf Arten von Wohlbefinden haben sich in weltweiten Studien herauskristallisiert: das Tätigkeitswohlbefinden, das soziale Wohlbefinden, das finanzielle, das physische und das Gemeinschaftswohlbefinden. Raten Sie doch mal, welches davon den größten Einfluss auf Ihr gutes Lebensgefühl hat! Das, worauf wir wohl als Letztes gewettet hätten: die Tätigkeit! Wer sich mit seiner Tätigkeit wohlfühlt, hat eine doppelt so hohe Wahrscheinlichkeit für ein gutes Gesamtwohlbefinden.

Vielleicht liegt die Gefahr bereits in der Dualität des Denkens. Wir leben mit dem »Entweder – oder« statt mit dem »Sowohl – als auch«. Haben Sie schon mal im Word-Thesaurus den Begriff »Arbeit« eingegeben? Da erscheinen als erste Synonyme die Worte »Plage« und »Schwierigkeit«. Interessant, stimmt's?

Holen wir uns Inspiration von dem Philosophen Prof. Dieter Thomä. Er ordnet Arbeit in verschiedene Kontexte ein. So wird Arbeit eher als Aktivität im Unterschied zur Passivität verstanden, die häufig mit Muße gleichgesetzt wird. Wir unterscheiden den gewöhnlichen Werktag vom außergewöhnlichen Feiertag. Wir kennen die Trennung von Arbeit als Notwendigkeit und Spiel als Freiheit. Im Unterschied zur Freizeit begreifen wir Arbeit als Unfreizeit. Arbeit hat oft den Charakter eines Mittels zum Zweck. Arbeit kommt in verschiedenen Begriffen wie Hausarbeit, Beziehungsarbeit und Vereinsarbeit vor und hat meistens einen negativen Beigeschmack. Dies wird auch im Begriff »Work-Life-Balance« deutlich. Leben wir nicht, wenn wir arbeiten, und arbeiten wir nicht, wenn wir leben? Wo bitte geht es von der Doppelbelastung zur Doppelerfüllung? Wir erleben auf der einen Seite schmerzlich die fehlende Balance zwischen dem Engagement in der Arbeit und dem Raum für Erholung und persönliche Interessen. Auf der anderen Seite wählen wir die »Work-Life-Balance« zu einem der Unwörter des Jahres 2012.

Folgen wir der Analyse von Anja Ettel und Gesche Wüpper in »So (un)glücklich ist Europa« und schauen dabei nach Frankreich. Hier stellen wir fest, dass selbst die besten Arbeitsbedingungen wie eine 35-Stunden-Woche, frühe Rente, tolle Kinderbetreuung und ein Mindestlohn die Franzosen keineswegs glücklicher machen als andere. Sie sind, unabhängig von Wirtschaftskrisen, immer unzufrieden. Das heißt, dass der Weg, an den Arbeitsbedingungen immer weiter herumzuschrauben, auch nicht das alleinige Erfolgsrezept ist. Glücksempfinden ist eine mentale Einstellungssache.

Daniel H. Pink hat untersucht, was Menschen bei der Arbeit motiviert. Zu Zeiten der Industrialisierung bestand Arbeit meist aus einfachen, wiederholbaren, wenig interessanten Einzelschritten. Das machte logischerweise wenig Spaß. So wurde Kontrolle notwendig, damit die Menschen bei der Stange blieben. Heute sind die Anforderungen jedoch meist völlig andere. Es gibt weniger Routine, schnelle Veränderungen und Flexibilität. Selbstbestimmung ist gefragt.

Die Annahme, dass Kontrolle und Motivation von außen notwendig sind, hat sich jedoch gehalten. Dies passt nicht mehr zusammen, Arbeit darf Spaß machen! Dann ist sie keine Pflichterfüllung mehr, für die die Anreize ständig erhöht werden müssen. Mitarbeiter können ihr Engagement aus der Tätigkeit selbst und dem Sinn dahinter ziehen. Umso wichtiger ist es, sich eigene Ziele zu setzen, statt nur blind den Unternehmenszielen hinterherzujagen. Letzteres führt zu Abkürzungen, unethischem Verhalten, weniger Kooperation mit Kollegen und höherer Risikobereitschaft. Kunden werden manipuliert, es wird gefälscht, gedopt und gehetzt.

Eine andere Moral und Produktivität herrscht, wenn die Belohnung für die Tätigkeit zufriedene Kunden, Wissenserweiterung oder die Freude daran, das Beste zu geben, ist. Firmen, denen Selbstbestimmung wichtig ist, haben eine viermal größere Wachstumsrate und erwirtschaften ein Drittel mehr Umsatz.

Verändern wir eine Welt, die uns nicht schmeckt

Natürlich wandeln sich unsere Arbeitsbedingungen in einer am Wettbewerb orientierten Leistungsgesellschaft. Natürlich gibt es Zeitdruck, Störungen und die Herausforderungen der neuen Kommunikationsmedien. Stress an sich ist kein Problem. Kritisch wird es, wenn wir zu viel negativen Stress haben und uns von diesem nicht erholen können.

Beim Thema Burn-out wird schnell, vielleicht zu schnell, auf die Unternehmen gezeigt. Nie waren die Arbeitsbedingungen so sicher und attraktiv, nie haben wir so viel verdient, Massagen, Kindergartenzuschüsse oder Weihnachtsextras bekommen. Die Bereitschaft zur Selbstüberforderung hat nicht ausschließlich etwas mit den einzelnen Unternehmen zu tun, es ist eine kollektive gesellschaftliche Norm geworden. Das Gefühl, wir müssten im Urlaub oder nach Feierabend ständig erreichbar sein, ist sicher Engagement, aber auch Selbstüberschätzung: Wir glauben, dass ohne uns nichts geht. So setzt sich ein Puzzle der Überforderung zusammen, das zu einem Ausbrennen der Menschen und damit der Unternehmen führt. Ich werde darauf noch einmal zurückkommen.

Die neuen Anforderungen ans Management bekommen deshalb Gewicht: Den Menschen muss es gut gehen. Ulrike Stilijanow hat im Stressreport Deutschland 2012 wichtige gesundheitsfördernde Führungsmerkmale herausgearbeitet: Unterstützung, Mitbestimmung, Anerkennung, Wertschätzung. Mitarbeiter, die angeben, häufig unterstützt zu werden, geben weniger körperliche Beschwerden an. Dies passt zu den Ergebnissen der Onlineumfrage von www.stellenanzeigen.de: Mitarbeiterzufriedenheit wird ganz wesentlich durch ein gutes Verhältnis zu direkten Kollegen, zum Chef, durch Lob und Anerkennung bestimmt. Auch in der Forschung kristallisiert sich heraus, dass Mitarbeiter Anerkennung, persönliche Unterstützung und vor allem Fortschritte als motivierend empfinden.

Kümmern Sie sich um Menschen – und zuerst um sich selbst

Sorgen wir ab sofort dafür, dass es uns wirklich gut geht, statt nur so zu tun, als ob es uns gut ginge. Investieren Sie dafür in sich selbst. Das gilt vor allem auch, wenn Sie eine Führungskraft sind. Mitarbeiter haben feine Antennen dafür, wie ihre Chefs drauf sind. An der Universität von Pennsylvania/USA wurde herausgefunden, dass Lehrer, die besonders zufrieden mit ihrem Leben waren, Schüler besser motivieren konnten.

Wenn Sie selbst dafür sorgen, dass es Ihnen immer und überall gut geht, hat Stress keine Chance und Ihr Gehirn ist in Hochform. Regt sich bei Ihnen nun etwa die Sorge, ein Egoist zu sein? Gut für sich zu sorgen heißt nicht, schlecht für andere zu sorgen. Es ist überhaupt erst einmal die Voraussetzung dafür, dass wir etwas zum Abgeben haben.

Die Psychologieprofessorin Barbara Fredrickson hat sich mit der Frage beschäftigt, in welchem Verhältnis positive zu negativen Momenten stehen müssen, damit Menschen langfristig gesund und Teams erfolgreich sind. Negative Gefühle wirken bei Weitem stärker als positive, deshalb braucht es ein »3 : 1-Verhältnis« von Positivem zu Negativem. Auf einmal Ärgern darf sozusagen dreimal Freuen kommen. Dies klingt anstrengender, als es ist, denn unser Leben ist voll von schönen Dingen. Wir sehen und schätzen sie nur manchmal nicht. Halten Sie also öfter mal die Tür auf, sagen Sie Danke, wann immer es geht. Beginnen Sie Meetings mit positiven Informationen, schreiben Sie Ermutigendes in Ihren Mailabsender. Fragen Sie nach positivem Feedback. Lächeln und lachen Sie mehr. Konzentrieren Sie sich auf die Stärken von Menschen, auf Ihre und auf die der anderen. Loben Sie Menschen zum Erfolg. Bemerken Sie kleinste positive Veränderungen und Ansätze und kommunizieren Sie das.

Legen Sie ein Recht auf gute Stimmung fest. Hilfreich ist, sich mit optimistischen Menschen zu umgeben, optimistische Gedanken zu lesen und so die Kategorie des Optimismus zu entwickeln. Halten wir uns mehr und mehr fern von Menschen, Zeitungen und Fernsehsendungen, wenn negative Informationen, Missmut und Zweifel verbreitet werden. Je mehr wir davon hören, umso normaler scheint es für uns, und am Ende glauben wir gar, so wäre die Realität.

Wenn Sie einen Einfluss darauf haben, mit wem Sie zusammenarbeiten, dann nutzen Sie diesen für die positive Stimmung in Ihrem Arbeitsumfeld. Betrachten Sie bei neuen Mitarbeitern nicht nur deren Zeugnisse, sondern auch, welche Stimmung und Einstellung sie mitbringen.

Gleiches gilt für Dienstleister, mit denen Sie regelmäßig zu tun haben. Nicht der billigste ist der beste, sondern derjenige, der Mitarbeitern und Kunden Wohlbefinden bringt. Das heißt auch, eine neue Weiterbildungs- und Trainingskultur zu entwickeln oder einzufordern.

Glückliche Arbeitnehmer, das zeigen Studien, werden positiver eingeschätzt, haben eine höhere Produktivität und Arbeitsleistung, zeigen seltener kontraproduktives Verhalten wie Mobbing und haben seltener einen Burn-out. Sie sind zufriedener mit der Arbeit, haben eine bessere Arbeitsqualität, Zuverlässigkeit und Kreativität, setzen sich höhere Ziele und erreichen sie effizienter. Das klingt doch wie im Paradies der Arbeit!

Es ist egoistisch, nicht gut für sich zu sorgen. Weil wir dann von anderen die Lieferung der Zutaten für unser Wohlbefinden erwarten. Leben Sie vor, wie es ist, gut für sich zu sorgen. Machen Sie Pausen, Urlaub, pünktlichen Feierabend und gönnen Sie sich kleine Auszeiten am Arbeitsplatz – und damit einige Minuten guter Stimmung. Investieren Sie in gute Energie und Stimmung. Sie werden ihr Umfeld damit anstecken!

Gut für sich zu sorgen heißt, dass das Beste genau richtig für Sie ist. Mit dieser Haltung erzielen wir die größten Effekte in der Selbstfürsorge, die bei den wachsenden Anforderungen dringend nötig ist. Die Haltung, sich das Beste zu nehmen, zieht auch die Konsequenz nach sich, das Beste gern zu geben. Im dritten Kapitel werde ich noch einmal ausführlich darauf eingehen.

Sind Sie emotional beteiligt, haben Sie keine Chance, die Sorgen der Arbeit von zu Hause fernzuhalten. Sorgen Sie dafür, dass es Ihnen gut geht, dann können Sie auch mit negativen Emotionen besser umgehen. Lernen Sie Strategien, wie Sie nach der Arbeit Stress abbauen können, zum Beispiel indem Sie Sport treiben oder zumindest einmal um den Block gehen. Der Körper baut das Stresshormon Cortisol durch Bewegung ab. Oder lesen Sie ein Buch – schon sechs Minuten Lesen führen zu einer Reduktion des Stresslevels von 68 Prozent. Nutzen Sie Musik oder Entspannungs-CDs auf dem Heimweg. Yoga, Meditation, Achtsamkeitsübungen helfen dem Geist, sich zu beruhigen.

Die gute oder schlechte Stimmung zu Hause kommt auch zurück in das Unternehmen. So schaukeln sich beide Lebensbereiche hoch oder fördern sich gegenseitig.

Finden Sie das richtige Gleichgewicht

Lassen Sie uns kurz bei den Emotionen verweilen. Beim Wohlbefinden geht es darum, positive Aspekte öfter und bewusster ins Leben zu integrieren. Das heißt aber nicht, dass negative Emotionen vermieden oder verdrängt werden sollten. Barbara Fredrickson beschreibt, dass alle Emotionen einen Sinn haben, weil sie Handlungsimpulse auslösen. Bei Furcht flüchten wir, bei Zorn greifen wir an, bei Interesse erforschen wir etwas. Diese Impulse sind verbunden mit Körperreaktionen, die die Handlung unterstützen. Da Emotionen und Körperreaktionen schneller als das Denken sind, wundern wir uns gelegentlich, warum wir uns gerade so und nicht anders verhalten haben.

Interessantes dazu hat der Naturforscher Benjamin Libet an EEG-Hirnströmen nachgewiesen. Seine Probanden sollten mit einer Handbewegung auf einen Punkt reagieren. Ein elektrisches Signal im Gehirn, das die Bewegung vorhersagt, trat dabei 200 Millisekunden vor dem bewussten Impuls auf, den Finger zu bewegen. Der Neurowissenschaftler Dylan Haynes wiederholte das Experiment im Magnetresonanz-Tomografen und zeigte, dass die Entscheidung im Gehirn unbewusst bereits zehn Sekunden vor der bewussten Wahrnehmung des Entscheidungsergebnisses feststeht.

Der Nebeneffekt von negativen Emotionen ist, dass sie die Perspektive einschränken. So kommen wir mit dem Denken nicht nur nicht hinterher, sondern verfügen dann auch nur über eine eingeschränkte Auswahl an Lösungen.

Gesunde reagieren breiter, reflektierter und emotional engagierter, Gestresste jedoch eher oberflächlich. Oberflächliches Denken hilft, um Schmerz und Stress zu ignorieren, weil wir dabei weniger fühlen. Allerdings fühlen wir auch kein Glück, wenn wir an der Oberfläche bleiben. Drogen, exzessives Sporttreiben, Essen, Alkohol, Einkaufen oder Sex haben in diesem Zusammenhang einen ähnlichen Effekt. Wir wollen nicht über einen Konflikt oder einen Stressor nachdenken und lenken uns ab.

Negative Emotionen waren in der Menschwerdung überlebenswichtig und sind es heute noch. Wir gehen Gefahren aus dem Weg und nehmen wahr, wenn eine Situation oder die Lebensumstände nicht gut für uns sind. Optimal wäre es, wenn wir einen achtsamen Zugang zu allen unseren Gefühlen hätten. Manchmal kann der Körper dabei helfen, denn er bringt immer unmissverständlich zum Ausdruck, wie es uns gerade geht. Positive Emotionen sind die beste Option, um zu lernen, neue Perspektiven und Fähigkeiten zu entwickeln. Menschheitsgeschichtlich scheinen sie später entstanden zu sein, nachdem die Überlebensfragen grundsätzlich gelöst waren und Entwicklungsthemen anstanden.

Negative und positive Emotionen gehören zum Leben, auch zum Arbeitsleben. Die einen wahrzunehmen und sich auf die anderen zu konzentrieren scheint mir der gesündeste Weg zu sein.

Positive Psychologie – die Psychologie für alle

In der Geschichte der Psychologie ging es meistens darum, Menschen mit Problemen und Symptomen zu helfen, die Ursachen dafür zu erkennen und sie dann zu überwinden. Erfreulicherweise wurde in den 70er-Jahren des letzten Jahrhunderts die Frage laut, warum dem so ist. 70 Prozent der Menschen sind psychisch gesund und wollen einfach gut leben. Unter dem Begriff Positive Psychologie wurde im Jahr 2000 unter der Leitung von Martin Seligmann in Amerika damit begonnen, die Bedingungen für Glück und Gesundheit, deren Erhalt oder Verbesserung zu erforschen. Damit wurde ein Weg begangen, der auch heute noch relativ ungewohnt erscheint. Immer noch, auch in der Medizin, konzentrieren wir uns eher darauf zu heilen als vorzubeugen. In der Positiven Psychologie sind wir selbst gefragt. Als Gestalter und Bestimmer unseres Lebens, unserer Gesundheit und Zufriedenheit.

Ich verstehe die Positive Psychologie als eine neue Art zu denken, als eine Kultur oder Lebensphilosophie, das Beste aus seinem Leben und dessen Möglichkeiten zu machen, als einen Chancenblick und eine optimistische Grundhaltung zum Leben und damit auch zur Arbeit. Ich habe mich mit sehr vielen Richtungen in der Psychologie befasst, von den traditionellen wie Psychoanalyse oder Gesprächstherapie bis hin zu den modernen wie NLP (Neurolinguistisches Programmieren). Die Positive Psychologie hat mich überzeugt, weil sie Alltagsphänomene wissenschaftlich fundiert erforscht und weil sie ein positives Menschenbild hat. Dem Menschen wird das Recht und die Möglichkeit zum Wohlergehen zugebilligt und gleichzeitig gezeigt, wie jeder dies durch Einsatz der vorhandenen Potenziale erreichen kann.

Die Forschung der letzten Jahre lässt keinen Zweifel daran, dass wir uns selbst das Leben leicht oder schwer machen. Und dass Glück oder Wohlbefinden nicht nur angenehm sind, wenn man sie hat. Sondern dass sie alle Lebens- und Arbeitsbereiche nachweisbar positiv beeinflussen.

Die Gefahren: Der Stress mit dem Stress

Meine Klientin Stefanie hat mit Ende dreißig als alleinerziehende Mutter eine neue Laufbahn eingeschlagen. Sie arbeitet nun als Heilpraktikerin in einer Kleinstadt und hat sich damit einen Traum erfüllt. Mit Leidenschaft hat sie ihre Praxis aufgebaut, ist bei ihren Patienten anerkannt und beliebt. Sie hat einen vollen Kalender und wird gern weiterempfohlen.

Aber? »Ich arbeite von früh bis spät, ohne Pausen, und das Geld reicht trotzdem hinten und vorne nicht.« Wir schauen uns ihr Berufsleben ein wenig genauer an und stellen fest, dass ihre Patienten nicht nur zur Behandlung kommen, sondern auch ihre ganzen Sorgen bei ihr lassen, da sie immer ein offenes Ohr hat. Das führt dazu, dass sie ein schlechtes Gewissen hat, da sie oft keinen Rat weiß, aber helfen möchte. Am Ende überzieht sie die Zeiten, die Patienten bezahlen aber nur die vereinbarte Behandlung und sie verliert ihre Pausen. Sie arbeitet abends länger, als sie möchte, weil sie einfach nicht Nein sagen kann, und sie traut sich nicht, nach einigen Jahren Berufserfahrung ihre Preise anzupassen. Sie fürchtet, dass dann die Patienten wegblieben oder sie sich ständig für ihre Preise rechtfertigen müsste. Da ihr eine angenehme Atmosphäre am

Herzen liegt, lässt sie lieber alles, wie es ist. Doch sie spürt: So
kann es nicht weitergehen.

Stefanies beruflicher Weg verlief keineswegs geradlinig. Sie
wollte zunächst studieren, hat ihr Medizinstudium dann aber
abgebrochen und einen Büroberuf gelernt. Dies hat sie sich nie
verziehen. Ihr Mut und ihr Erfolg beim Aufbau ihrer eigenen
Praxis machen das nicht wett. Sie fürchtet, nicht gut genug zu
sein, und hält deshalb höhere Preise für unangemessen.

Wir spüren beide, da ist noch etwas anderes, und suchen,
bis wir fündig werden. »Ich möchte ein guter Mensch sein«, ist
ein Satz, den ich öfter von ihr höre. Wir erkennen, dass damit
für sie verbunden ist, sich finanziell einzuschränken und an-
dere Menschen wichtiger als sich selbst zu nehmen.

Süß oder bitter? Was Sie erwarten, erleben Sie

Der Hosenbund kneift, die Sekretärin ist krank, die Kunden
rufen nicht zurück, die E-Mails wollen beantwortet sein,
doch der Computer streikt, die Marktlage verbreitet Dauer-
druck … Ein ganz normaler Alltag, in dem oft eines verloren geht: unser Wohlbefinden. Die Lust und Last von Arbeit
und Beziehung scheinen uns fest im Griff zu haben.

Erwarten Sie Wohlbefinden und Genuss bei Ihrer Arbeit?
Besser wäre es, sonst treffen Sie beides nicht! Arbeit und
Glück schließen sich in unserer Kultur oft aus. Wir haben von
klein auf gelernt, dass Arbeit mit Anstrengung und Überwindung verbunden ist. Wir leben eine strikte Trennung:

Arbeit = Mühe = hoffentlich bald vorbei
Freizeit = Freude = hoffentlich bald da

Woche für Woche, Monat für Monat.

Mögen Sie das, was Sie jeden Tag tun, also Ihre Arbeit? Nur
20 Prozent der Menschen beantworten diese Frage mit »Ja«.

Zwei Drittel der arbeitenden Erwachsenen warten täglich auf den Feierabend. Die meisten Menschen verbringen also einen erheblichen Teil des Tages damit, etwas zu tun, was ihnen nicht liegt oder gefällt. Oder es liegt ihnen nicht, weil es ihnen nicht gefällt.

Selbst wenn die Arbeit vor allen Dingen dem Gelderwerb dient, darf sie Freude bringen. Es ist schließlich unsere Lebenszeit, die wir einsetzen. Wir bekommen vom Leben gerade in unserer Zeit schmerzhaft einen Spiegel vorgehalten. Sie kennen die Stichworte, die keiner mehr hören mag: innere Kündigung, fehlende Motivation und dann auch noch die Sache mit dem Burn-out. Von 2004 bis 2010 haben sich die Krankheitstage pro 1000 Versicherten von 8,1 auf 72,3 erhöht. Immer mehr Menschen klagen über psychische Probleme. Wenn sie ausfallen, dann meist länger. Es scheint so, als ob es zuerst die besten, weil engagiertesten Mitarbeiter trifft, und die Frauen in Führungspositionen.

Nach einer Umfrage von www.karriere.at halten 47 Prozent der befragten Manager Stress für eine Privatangelegenheit. Nach wie vor herrscht in vielen Köpfen der Glaube vor, Produktivität ließe sich dadurch verbessern, dass immer weniger Menschen dank neuer Technologien und Einsparungen immer mehr tun. Sie müssten sich ja nur mehr anstrengen! Diese Haltung ist ein Bumerang, der jetzt zurückkommt.

Doch Druck kommt nicht nur von außen. Es gehören zwei dazu, damit er wirkt, und hier kommt die deutsche Anstrengungskultur ins Spiel. Sie ist nicht auf die Arbeit beschränkt, sondern findet genauso im Privatleben statt. Kaum jemand schafft es, sich zu Hause wirklich auszuruhen und den Fensterputz oder die Gartenarbeit mal zu verschieben. Wir haben unsere Leistungsansprüche an uns ins Unermessliche geschraubt.

58 Prozent der Manager würden auch mit einer mittelschweren Erkältung zur Arbeit gehen, ergab eine Umfrage. 18 Prozent heißen es gut, wenn Kranke ins Büro kommen. Nennen Sie das Engagement? Wenn, dann ist es ein falsches, denn kranke Mitarbeiter stecken nicht nur mit Bakterien, sondern auch mit negativen Gefühlen an.

Gemeinsam ist diesem Verhalten die Haltung, dass Wohlbefinden, wenn überhaupt, etwas für die Freizeit sei und nichts mit Arbeit zu tun habe. Kein Wunder, dass immer weniger Menschen gern arbeiten gehen!

Die Konsequenzen stehen uns förmlich ins Gesicht geschrieben. Studien zeigen, dass Stress die Attraktivität von Männern und Frauen reduziert. Die Attraktivität eines Gesichtes wurde umso geringer bewertet, je höher der Stresshormonspiegel war. Die Bewertung der Attraktivität korreliert außerdem mit Gesundheit und Fertilität. Wir wissen inzwischen, dass Stress oder eine Dysbalance in den Lebensumständen bei vielen Erkrankungen eine Rolle spielt. Umso genauer sollten wir verstehen, dass wir den größten Anteil daran selbst haben.

Die zwei Seiten unserer Beziehungen

Am sensibelsten reagieren wir Menschen, insbesondere wir Frauen, auf unsere Beziehungen, und zwar auf alle. Sechs Stunden soziale Kontakte am Tag benötigen wir für unser Wohlbefinden. Es ist auch bei der Arbeit weniger wichtig, was wir tun, als mit wem wir zusammen sind. Ein bester Freund auf der Arbeit versiebenfacht das Engagement, führt zu besseren Kundenbeziehungen und weniger Verletzungen.

Die Wahrscheinlichkeit, gesund älter zu werden, steigt um bis zu 50 Prozent, wenn wir Freunde haben. Fehlt der soziale Kontakt, birgt das Gesundheitsrisiken (wie Herzinfarkt oder Schlaganfall), die so groß sind wie das tägliche Rauchen von 15 Zigaretten oder Bewegungsmangel.

Umso wichtiger ist es für uns, dass wir unsere Gefühle und Körperreaktionen wahrnehmen und uns für uns wie für andere einsetzen, damit wir nicht in Ärger, Kummer und Sorgen stecken bleiben.

Pflegen Sie Ihre Beziehungen

Die US-Ehetherapeutin Terri L. Orbuch hat nach 20 Jahren Forschung eine »Hitliste« für langfristig glückliche Beziehungen zusammengestellt. Sie bezieht sich dabei auf Paarbeziehungen. Ich denke, allen anderen Beziehungen, einschließlich der zu uns selbst, können diese Ideen ebenfalls guttun:

1. Wer weniger erwartet, bekommt mehr.
2. Bieten Sie Anreize und belohnen Sie.
3. Tauschen Sie sich täglich aus.
4. Tun Sie, was Sie sich vornehmen.
5. Lassen Sie, was kostet und nichts bringt.

Der Psychologe Tom Rath gibt seine Empfehlungen explizit für die Arbeitswelt:

1. Verschenken Sie Anerkennung und zwar individuell, spezifisch, persönlich.
2. Vermeiden oder verkürzen Sie negative Interaktionen.
3. Reflektieren Sie, ob Sie dem anderen und sich gerade guttun oder nicht.
4. Loben Sie unerwartet.
5. Gestalten Sie diesen Tag für andere positiv, bereiten Sie Freude.

Schlaraffenland oder Hamsterrad:
Sie entscheiden

Wettbewerb, Zeitdruck, Leistung, Pflichten, Erwartungen. Wir leben in einer Welt, in der keiner den ständig wachsenden Ansprüchen mehr gerecht werden kann. Es sind zu viele und zu hohe in allen Lebensbereichen gleichzeitig. Das ist inzwischen Alltag. Negativer Stress entsteht erst durch unsere Bewertung einer Situation als unangenehm, unbewältigbar, angsteinflößend und so weiter. Dann konzentrieren wir uns automatisch auf die Probleme statt auf Lösungen und finden diese nicht, weil wir unter dem Einfluss von negativen Emotionen nicht mehr klar denken können.

Die negativen Emotionen werden auch deshalb immer mehr, weil Leistung eine geförderte Sucht geworden ist. Wir arbeiten exzessiv statt engagiert. Wir finden am Schreibtisch kein Ende. Überstunden werden gar nicht mehr als solche wahrgenommen. Wir werden unruhig, wenn es um uns ruhig wird, weshalb wir auch außerhalb der Arbeit ständig aktiv sind und E-Mails lesen, joggen, putzen oder aufräumen.

Unser Gehirn ist zum Problemlösen da. Doch die Art, wie wir es benutzen, und die Tatsache, dass jahrhundertealte biologische Mechanismen uns steuern, führt zu der Tendenz »Katastrophe kommt vor Vergnügen«. Wir sind ständig mit unseren Gedanken woanders, ärgern uns über das, was gestern war, machen uns Sorgen über Dinge, die wir hören und lesen und die (noch) gar nicht real sind. Diese Tendenz, sich mental auf Probleme oder Gefahren zu konzentrieren, wird in der Psychologie das »katastrophische Gehirn« genannt. Dies war einst ein hilfreicher Überlebensmechanismus – und auch heute noch sollten wir dem herunterfallenden Dachziegel blitzschnell ausweichen können. Doch wir haben die Kontrolle über diesen Mechanismus abgegeben und lassen unsere Gedanken mit uns machen, was sie wollen.

Wir sehen, was wir kennen, das heißt, wir sehen, was wir denken. Was nehmen Sie aus den vielen Informationskanälen in Ihrem Alltag wahr? Das eine gute Beispiel oder die vielen negativen, die zu unseren Sorgen passen? Worüber sprechen Sie? Über die vielen angenehmen Kunden und Kollegen oder den einen, der Sie heute verstimmt hat? Es ist, als ob wir in zwei Welten lebten, der realen, die uns so unglaublich viel zu bieten hat, und der inneren, die uns daran hindert, die Schönheit der äußeren wahrzunehmen. Leider halten wir die Parallelwelt in unserem Kopf für real.

Wir fühlen uns selten gut genug. Wir leben in einer an Defizit orientierten Gesellschaft. Von klein auf werden wir vermessen und beurteilt, ob wir auch ja in die Norm passen. Wer nicht schnell genug sprechen lernt, wird gefördert. Eltern beschäftigen sich nicht mit den besten Noten, sondern den nicht ganz so guten. Die Haare dürfen nicht ausfallen, der Bauch einen bestimmten Umfang nicht überschreiten. In Jahresgesprächen fängt das Gespräch vielleicht noch mit einem Lob an, tendenziell geht es jedoch auch dort um das, was nicht geschafft, nicht gut genug erledigt wurde. Der Wohlfühlzeiger steht auf negativ.

Am Ende schaffen wir uns eine sich selbst erfüllende Zukunft. In der TK-Stress-Studie von 2012 gab jeder Zweite an, dass der Stress im persönlichen und sozialen Umfeld zunehmen wird. Hier kommen die sich selbst erfüllenden Prophezeiungen ins Spiel. Wir verhalten uns unbewusst genau so, dass es zu unseren Erwartungen passt, und sagen dann: »Hab ich es doch gewusst!«

Wie genussvoll ist die neue Arbeitswelt?

Unternehmen werden gerade mit Meldungen über ihre »Schuld« an kranken und demotivierten Mitarbeitern bombardiert. Natürlich ist es das erste Ziel von Unternehmen, großartige Produkte herzustellen, zu verkaufen und damit Gewinn zu machen. Ansonsten würde es sie morgen nicht mehr geben und wir sprächen über gemeinnützige Einrichtungen.

Es gehören immer zwei dazu, dass etwas nicht funktioniert. Also einer, der macht, zum Beispiel Druck, und einer, der mitmacht, also Ja statt Nein sagt. Wenn Sie wie ich beruflich engagiert sind und gern arbeiten, ist es besonders wichtig, gut auf sich aufzupassen und die Mechanismen zu verstehen, die zu Überforderung oder Gesundheitsverlust führen und bei denen wir alle mitmachen.

Dr. Patrick Kury hat sich mit der Geschichte von Stress befasst. Die Wurzeln von Belastungsphänomenen können ab 1880 verfolgt werden, als von »Nervenschwäche« aufgrund der modernen Lebensumstände gesprochen wurde und die Neurasthenie bis 1920 als Krankheitskonzept entstand. In den 1950er-Jahren wurden Herz-Kreislauf-Erkrankungen als sogenannte »Managerkrankheit« bekannt und seit den 1970ern verstehen wir Stress als Reaktion auf psychosoziale Belastungen. Seit 1990 sprechen wir von »Burn-out« und verweisen auf Flexibilisierung, Digitalisierung, Deregulation als Ursachen. So produziert jede Epoche ihre eigenen Erschöpfungssymptome. Bis zur Managerkrankheit wurde der Mensch wie eine Maschine betrachtet, die irgendwann überlastet und erschöpft ist. Heute sehen wir den Menschen eher im Gleich- oder Ungleichgewicht und haben selbst im Krankheitsfall noch den Anspruch, unsere Genesung zu optimieren. Es scheint kein Stoppschild mehr zu geben.

Die neue Lieblingsbeschäftigung ist das Klagen über Stress. Wir klagen darüber, wofür wir alles keine Zeit haben und wie beschäftigt wir sind. Wir berichten ausführlich und umfassend, wie anstrengend die Arbeit und das Leben überhaupt sind, und was uns alles belastet. Da stimmt doch etwas nicht! Wir haben mehr Urlaubstage als je zuvor und arbeiten weniger. Technik nimmt uns schwere Arbeit ab. Wir leben im Wohlstand und müssen über die Frage, wie wir satt werden, nicht mehr nachdenken. Maschinen und Dienstleister an allen Ecken sparen Zeit – doch wo ist sie hin?

Überraschend ist, dass erwachsene Deutsche auf die Frage, ob sie für mehr verfügbare Zeit ihren Lebensstil ändern würden, mehrheitlich mit Nein antworten. Wir *fühlen* uns während der Arbeit oft gestört, real treten Störungen jedoch viel seltener auf. Mitarbeiter beklagen, dass sie steigenden Druck empfinden, ständig erreichbar sein zu müssen. In Wirklichkeit trifft dies allerdings nach dem Gesundheitsreport 2013 der DAK nur auf 7,5 Prozent der Beschäftigten zu.

Offenbar haben wir uns eine Parallelwelt aus Anstrengung und selbst gemachtem Druck erschaffen. Wir hetzen uns ab, vermeintliche Ideale zu erreichen, seien sie materiell (die schicke neue Küche) oder ideell (Disziplin, Fitness oder Geduld). Und dabei mühen wir uns ab, statt Freude an der Arbeit zu haben oder einfach mal abzuwarten, was das Leben bereithält. Das Fatale daran ist, dass wir glauben, das sei die Realität. Das müsse so sein. Unser hoch entwickeltes Gehirn hat aus seiner Kapazität, in die Vergangenheit und in die Zukunft schauen zu können, ein gefährliches Eigenleben entwickelt. Es nimmt gar nicht mehr wahr, was im Augenblick geschieht, sondern ruft immer nach »mehr«, »weiter«, »anders«. Sind wir dann dort angekommen, passen wir uns sofort dem neuen Niveau an und nehmen dieses als selbstverständlich. So geht es weiter in einer scheinbar endlosen Spirale. Mentale Probleme stressen uns genauso sehr wie reale Probleme.

So ist es nachvollziehbar, dass wir uns »gestresst« fühlen. Würden wir erkennen, wie vieles davon hausgemacht ist, würden wir das jährlich wiederkehrende Hauptziel der Deutschen, nämlich weniger Stress zu haben, auch einmal erreichen. Doch dann hätten wir ja gar nichts mehr zu erzählen. Wir dürfen nicht unterschätzen, dass gemeinsames Tun, und sei es das Klagen, verbindet.

Ist Stress tatsächlich ein neues Statussymbol? In den 1970er-Jahren hatten die Menschen endlich Zeit, sich auf ihr Privatleben zu konzentrieren, in den 1980ern kamen die materiellen Statussymbole dazu. Seit den 1990ern geht der Trend zu »Man hat Stress«. Oder könnten Sie sich vorstellen, anerkennende Blicke dafür zu ernten, wenn Sie erzählen, Sie hätten gestern den ganzen Abend gemütlich auf dem Balkon gesessen, in den Himmel geschaut und hätten sich dabei prächtig erholt? Wir werden eine kulturelle Wende benötigen, um aus dieser schicken Stressfalle herauszukommen. Jeder kann bei sich selbst anfangen und schon einmal seine Werte und seine Kommunikation im Alltag überprüfen. Wenn Ruhe, Pausen, Selbstfürsorge und Vertrauen gleichwertig mit Leistung, Anstrengung und Engagement werden, sind wir auf dem richtigen Weg.

In der bereits erwähnten TK-Stress-Studie unter Studenten von 2012 wurden vergleichbare Zahlen gefunden wie bei Werktätigen, nämlich dass sich 40 Prozent häufig und 52 Prozent gelegentlich gestresst fühlen. Übertroffen werden diese Zahlen von Hausmännern und -frauen, wie die TK 2009 ermitteln ließ – es klagten 95 Prozent über Stress. Es passt auch gut ins Bild, dass Frauen mehr über Stress klagen als Männer. Natürlich gibt es das Thema Doppelbelastung, doch die höhere Belastung zieht sich durch alle Altersgruppen. In Summe haben Vollzeit arbeitende Frauen die meisten Beschwerden, fühlen sich am ehesten emotional und körperlich erschöpft und schätzen ihren Gesundheitszustand am schlechtesten ein.

Denken wir an dieser Stelle daran, dass Frauen beigebracht wurde, dass sie stets für andere da sein sollen und dass sie sich anstrengen müssen, damit es allen gut geht. Sowohl privat als auch im Unternehmen werden eigene Interessen eher zurückgestellt. Ein Beispiel dafür ist, dass Pausen ausfallen. 45 Prozent der Frauen (32 Prozent der Männer) berichteten im Stressreport Deutschland 2012, dass die Pausen wegen zu viel Arbeit ausfielen. Bei den vollbeschäftigten Frauen fiel außerdem das Arbeiten an der Grenze der Leistungsfähigkeit auf.

Selten liegen Problem und Lösung so eng beieinander wie beim Thema Stress. Die TK-Stress-Studie 2012 hat anscheinend wieder einmal gezeigt, wie stressig unser Leben geworden ist und dass die »Hauptschuld« daran die Arbeitsbedingungen tragen. Doch stimmt das wirklich? Nach den Arbeitsbedingungen stehen schon auf Platz zwei die eigenen Ansprüche an sich selbst. Grund genug, weiter hinter die Stresskulissen zu schauen.

Negativer Stress führt automatisch zu körperlichen und geistigen Reaktionen. Der Blutdruck steigt, die Muskulatur ist angespannt, die Atmung wird schneller und flacher. Dies könnten wir durch Sport und Physiotherapie ändern. Viel gewichtiger ist jedoch, dass wir einen sogenannten »Tunnelblick« bekommen und dadurch nur noch den schwierigen Kunden oder den nörgelnden Kollegen sehen. Wir befassen uns gedanklich immer mehr mit dem Problem. Unsere

Wahrnehmung fokussiert sich auf all das, was zu unseren Annahmen passt, alles andere filtern wir gnadenlos heraus und merken es nicht einmal.

Unser Gehirn verarbeitet jeden Augenblick Hunderttausende von Informationen, nur etwa sieben davon werden uns bewusst. Alles andere wird herausgefiltert. Dies entspricht in etwa dem Verhältnis eines Fußballfelds zu einem Tennisball. Das, was wir merken, ist ein Mini-Ausschnitt, und wir nennen ihn »Realität«. Treffender wäre aber »*meine* Realität«! Folgerichtig hat der Kollege keine Chance, wenn wir ihn als Nörgler eingestuft haben, auch wenn er uns vielleicht gern hilft oder wichtiges Fachwissen hat. Haben wir uns einmal darauf eingeschossen, dass unsere Arbeit stresst und nervt, dann wird das auch so sein. Dieses Phänomen geht so weit, dass wir uns mit Menschen umgeben und als Ratgeber suchen, die uns in unserer Meinung bestärken.

Auch unsere Verhaltensentscheidungen passen zu unseren Gedanken. Ein Beispiel: Wir erwarten, dass unsere Arbeit keinen Spaß macht. Deshalb bummeln wir morgens »zufällig« so lange, bis wir zu spät eintreffen und Ärger bekommen oder so abgehetzt sind, dass wir uns den ganzen Tag nicht wohlfühlen. Ein anderes Beispiel: Wenn wir den nörgelnden Kollegen ablehnen, werden wir uns selbst unfreundlich verhalten, sodass er noch mehr nörgelt. Und wir können uns wieder sagen: »Wusste ich es doch!«

Übernehmen Sie die Verantwortung für Ihren Stress

Abgesehen davon, dass es bei Stress keine Schuldfrage gibt, sondern alle Beteiligten ihren Anteil an der Situation haben, beobachte ich die Tendenz, die Ursache für unsere Schwierigkeiten nach außen zu verlagern. Zu einem Problem gehören mindestens zwei Seiten: die äußeren Umstände, also zum Beispiel ein Chef, der schnell laut wird, und die inneren, also die Art, wie wir darauf reagieren. Wir können zum Beispiel den Ärger darüber unterdrücken, keine Grenzen ziehen und dann nachts darüber grübeln, was wir hätten sagen können. Das hat nichts mit dem Chef zu tun, sondern mit uns. Es gilt, unsere eigenen Verhaltens- und Reaktionsmuster wahrzunehmen und zu ändern, wenn sie uns nicht guttun. Die »anderen« können wir nicht ändern, aber den Umgang mit ihnen und die Wirkung, die sie auf uns haben.

Die Kunden, der Chef, die Umstände: Es gibt so manches, das anders ist, als wir uns das wünschen. Leider reagieren wir bevorzugt passiv und lassen etwas über uns ergehen, statt die Verantwortung für unser Wohlbefinden selbst in die Hand zu nehmen. Wir haben immer eine Wahl. Wovor wir uns fürchten, sind die Konsequenzen. Niemand steht mit der Pistole neben uns und zwingt uns, so zu handeln, wie wir es tun. Dazu gehört auch, dass wir Auseinandersetzungen vermeiden. Wir haben nicht gelernt, angemessen auszudrücken, was uns stört und was wir brauchen. So gehen wir Menschen, mit denen wir Probleme haben, lieber aus dem Weg. Damit nehmen wir ihnen die Chance zu ändern, was uns stört, oder nach einer gemeinsamen Lösung zu suchen. Stattdessen verfestigen wir den Stress.

Unsere Lieblings-Stressfaktoren

Wir werden älter

Dies ist an sich kein Stressfaktor. Der Stressfaktor ist die jahrzehntelange Selbstüberforderung. Wir sind also nicht weniger belastbar, weil wir älter sind, sondern weil wir unsere Reserven aufgebraucht haben. Wir haben viel zu oft und zu lange über unser Limit gelebt. Jetzt kommen wir an die Grenzen unseres Körpers. Er macht viel mit, aber nicht ewig.

Wir setzen die falschen Prioritäten

Studien zur Lebenszufriedenheit zeigen, dass soziales Engagement und Beziehungsziele langfristig zufriedener machen als materielle Ansprüche und Karriereziele. In der TK-Stress-Studie 2012 konnte außerdem nachgewiesen werden, dass »Spaßarbeiter« gegenüber »Broterwerbarbeitern« weniger erschöpft sind, nämlich jeder Vierte statt jeder Zweite, und zudem weniger depressiv, 7 im Vergleich zu 23 Prozent. Kurzum: Wir schuften uns kaputt für Ziele, die uns krank und nicht einmal glücklich machen.

Wir kümmern uns zu wenig um unseren Körper

Stress schadet der Gesundheit. Selbst wenn wir die Belastung gar nicht als solche erleben. Die anhaltenden und nicht kompensierten Körperreaktionen hinterlassen ihre Spuren. Da wir nicht genug gegensteuern, unsere Batterien nicht genug aufladen, verheizen wir uns körperlich und wundern uns dann, warum wir krank werden. Eine andere Konsequenz: Je schlechter wir körperlich drauf sind, umso sensibler reagieren wir geistig. Sie kennen sicher den Unterschied in Ihrer Entscheidungs- und Reaktionsfähigkeit nach einer schlaflosen oder einer erholsamen Nacht. Unser Körper gibt meistens erst Signale, wenn er im unteren Drittel der Leistungsfähigkeit angekommen ist. Sorglosigkeit können wir uns heute nicht mehr leisten. Vielmehr ist ein Bewusstsein für das körperliche Gleichgewicht gefragt.

Wir schalten nicht mehr ab

Weder die Telefone noch die Gedanken. So mangelt es uns schnell an Erholung. Wenn wir nachts, am Wochenende und im Urlaub mit unseren Sorgen befasst sind, ruhen wir uns immer weniger aus und schöpfen keine neue Kraft. Wenn wir das lange so handhaben, werden wir immer schneller auf Ärgernisse oder Enttäuschungen reagieren. Das hat einen biologischen Hintergrund. Die Schaltstellen für Stress im Gehirn, die Mandelkerne, vergrößern sich und reagieren immer schneller auf Stressoren. Wenn wir Gefangene des Stresses sind, merken wir gar nicht mehr, dass wir immer wieder über die gleichen – belastenden – Dinge sprechen und nachdenken, und ziehen auch unser Umfeld mit in diese Gedankenwelt hinein. Kaum jemand traut sich, einfach Stopp zu sagen.

Der Frage, ob das Thema Erreichbarkeit ein Krankmacher ist, ging der DAK-Gesundheitsreport 2013 nach. Nur 7,5 Prozent der Befragten fühlen sich durch telefonische Erreichbarkeit etwas oder erheblich belastet. 78,9 Prozent der Befragten stimmen der Aussage zu: »Mein Arbeitgeber akzeptiert, wenn ich außerhalb der Arbeitszeit nicht erreichbar bin.« Auch hier scheint uns also unser Gehirn einen Streich zu spielen. Wir empfinden mehr Druck, als real existiert.

Die Warnzeichen

Jeder reagiert anders. Im Folgenden nenne ich kleine Alarmsignale, bei deren Häufung Sie aufmerksam werden sollten. Hören Sie unbedingt auf Ihren Körper. Häufige Kopfschmerzen, Rückenschmerzen, Verspannungen, Magen-Darm-Probleme, Schlafstörungen, Müdigkeit oder Verstimmungen sind nicht normal, sondern ein Zeichen dafür, dass Ihr System aus der Balance gerät.

- Sie schimpfen mit Ihrem Computer oder Auto, weil die nicht machen, was Sie wollen.
- Sie können sich nicht genau erinnern, auf welchem Weg Sie zur Arbeit gekommen sind.
- Sie können sich nicht erinnern, was Ihre Familie gerade beim Abendbrot erzählt hat.
- Sie haben keine Lust, Ihre Freunde zu sehen, das strengt Sie zu sehr an.
- Sie wollen am liebsten Ihre Ruhe.
- Die Person, über die Sie sich ärgern, macht alles falsch.
- Sie vermeiden längeren Augenkontakt.
- Statt zu schlafen, denken Sie über Ihre Sorgen nach.
- Sie werden schnell ungeduldig, wenn Sie warten müssen oder Kleinigkeiten nicht gleich klappen.
- Sie vergessen öfter, was Sie gerade tun wollten.
- Sie schauen in den Spiegel und sind nicht die Person, die Sie mal waren.

Burn-out als Schlusspunkt einer genussfeindlichen Arbeitsweise

Totale Erschöpfung, am Ende seiner Kräfte zu sein, also Zustände, die oft mit dem Begriff Burn-out beschrieben werden, scheinen der Endpunkt eines Weges voller Stress und Anstrengung zu sein. Jetzt darf man sich endlich einmal zurückziehen und »Nein« oder »Ich kann nicht mehr« sagen! Der allgemeine Konsens scheint zu sein, dass die Erkrankten richtig viel geleistet haben müssen, weil sie jetzt »ausgebrannt« sind. Doch muss es wirklich erst so weit kommen, dass Krankheiten den Einzelnen und damit die Gesellschaft zum Umdenken zwingen?

Gefühle sind ansteckend. Arnold B. Bakker stellte fest, dass es Lebenspartnern selbst bei großer Anstrengung nicht gelang, ihre Gefühle und Probleme bezüglich der Arbeit von zu Hause fernzuhalten. Dies betraf zum Beispiel Erschöpfung und Zynismus, die Symptome eines Burn-out sein können. Was geschieht also mit Menschen, wenn die Mehrheit eines Teams kurz vor dem Burn-out steht? Oder umgekehrt: Welche Auswirkungen hat es auf den Einzelnen, wenn das Team engagiert und euphorisch ist? Das Burn-out-Niveau von Teams korreliert mit den individuellen Burn-out-Niveaus. Auch die Höhe des Gesamtengagements eines Teams sagt das Engagement des Einzelnen voraus.

Noch dramatischer: Wer viel mit dem Thema Burn-out konfrontiert ist, wird selbst auch schneller krank. Vor diesem Hintergrund stellt sich die Frage, ob die Reaktion der Unternehmen, mehr über Burn-out aufzuklären, der richtige Weg ist, oder ob wir das Thema nicht gerade durch die Sensibilisierung der Menschen verstärken. Weil sie mehr über das Burn-out-Syndrom wissen, ordnen Menschen viel eher kurzfristig erlebte Symptome in diese Richtung ein und bewerten dann etwa Kopfschmerzen nicht mehr als Kopfschmerzen, sondern als Zeichen eines sich anbahnenden Burn-outs.

Die psychologischen Hintergrundmechanismen

Wie stark wir uns von den Gefühlen anderer anstecken lassen, hängt auch von unserer Empfänglichkeit, den eigenen Erfahrungen und unserem Geschlecht ab. Doch wie funktioniert diese Übertragung?

Lebende Modelle

Andere Menschen fungieren wie Vorbilder. Symptome werden bemerkt und automatisch und unbewusst übernommen, so wie wir auch Gesten, Blicke oder Worte von anderen übernehmen.

Einfühlungsvermögen

Gefühle können »aufgeschnappt werden«, indem ich versuche, mich in eine Situation hineinzuversetzen (zum Beispiel in das, was der Partner oder Kollege erlebt hat). Dabei werden ähnliche Situationen im eigenen Leben aktiviert und die Gefühle übernommen.

Mitgefühl

Bei der empathischen Identifikation stellen wir uns vor, wie wir uns anstelle der anderen Person fühlen würden. Dies ist besonders bei Paaren und Familien verbreitet, wo »einer die Last des anderen« ganz selbstverständlich trägt und es ungehörig scheint, sich gut zu fühlen, wenn es dem andern schlecht geht.

Mediale Ansteckung

Unter dem Titel »Burn-out? Nein, danke. Ich hab schon«

---

veröffentlichten Charlotte Kraus und Simon Hahnzog ihre Studie zu der Frage, inwieweit Burn-out durch die Präsenz in Umfeld und Medien zur Verstärkung eigener Symptome führt. Neu ist, dass die Übertragung von negativen Gefühlen und Burn-out-Symptomen keine Anwesenheit von Menschen braucht, sondern durch die mediale Präsenz des Themas zustande kommt. Wir hören, lesen, sehen immer öfter davon, die gefühlte Burn-out-Präsenz wächst unaufhörlich und beeinflusst die Einschätzung des eigenen Zustands.

So schützen Sie sich und andere

Vermitteln und erwerben Sie Wissen über Stress und Burn-out, aber legen Sie darauf nicht den Fokus. Die neue Gehirnforschung zeigt: Je häufiger wir etwas wiederholen, umso stärker werden die neuronalen Verknüpfungen im Gehirn. Also raus aus der Problem-, hin zur Lösungsorientierung. Schauen Sie hin statt weg bei Anzeichen von Burn-out wie Erschöpfung, Zynismus, abwertender Kommunikation und Ineffizienz. Reagieren Sie lieber einmal zu früh als zu spät. Aber: Versuchen Sie zu vermeiden, dass das Thema dauerpräsent ist und Sie sich den Burn-out wie einen Virus einfangen. Stecken Sie lieber mit Lebensfreude und guter Laune an!

II. Die genussvolle Lösung –
vom Arbeitsfrust zur Arbeitslust

Erlauben Sie sich eine neue Haltung

Das Erste, das meine Klientin zu mir sagt, ist: »Ich kann mich gar nicht mehr richtig freuen!« Sie geht auf die fünfzig zu und merkt, dass sie oft missmutig, ja traurig ist und wenig Lebensfreude empfindet. Sie funktioniert eben so in ihrem Alltag. Die Arbeit in verantwortlicher Position an einer Schule laugt sie eher aus, als dass sie Freude bringt. Ihr Mann und die Zwillinge sind wichtige Teile ihres Lebens, doch sie verstehen ihre Unzufriedenheit nicht. Ihre Freundinnen leben in ähnlichen Situationen. Einige sind vielleicht sogar noch weniger gut gestellt und werfen ihr vor, zu hohe Ansprüche zu haben. Manchmal glaubt sie das schon selbst. Doch sie schläft zunehmend schlechter, hat manchmal grundlos Angst oder ist reizbar. Irgendetwas stimmt nicht.

»Mir ist das Lachen verloren gegangen, und das, obwohl es keinen richtigen Grund gibt. Und so ärgere ich mich auch noch zusätzlich über mich selbst.«

Gemeinsam versuchen wir herauszufinden, wo in ihrem Leben es hakt. Auf einer Skala von null bis zehn gibt sie ihre Zufriedenheit in allen Lebensbereichen an und kommt auf einen Mittelwert von 6,8. Plötzlich blitzen ihre Augen. »In fünf Jahren will ich eine 9,5 haben«, sprudelt es aus ihr heraus. »Wieso nicht 10,0?«, frage ich provozierend. Hier finden wir schon eine erste Erkenntnis, wie sie sich selbst im Weg steht:

»Nun, man soll doch nicht zu viel erwarten.« Was könnten
weitere Hindernisse dafür sein, das Leben selbst in die Hand
zu nehmen und die Freude daran zurückzugewinnen? Sofort
fällt ihr ihr hoher Anspruch an sich selbst und andere ein. Nie
ist sie zufrieden mit einer Leistung. Der Perfektionismus und
die Angst, ihre Arbeit nicht gut genug zu machen, rauben ihr
den Schlaf. Schon früh wurde sie immer über Leistung defi-
niert und hat gelernt, dass ihre Eltern nur das Beste von ihr
erwarteten und selbst damit nicht zufrieden waren. Sie hat
das übernommen und muss sich erst wieder erlauben, dass es
ihr einfach so gut gehen darf.

Wenn ich abgenommen habe, wenn ich einen Partner habe, wenn die Kinder groß sind, wenn ich disziplinierter bin – dann … Wir wollen immer eines – dass es anders ist, dass wir anders sind. Wir wollen allen Ansprüchen gerecht wer- den und nicht nur gesund und erfolgreich, sondern auch noch selbstbewusst, liebenswert und schlank sein. Wer soll das schaffen? Nicht umsonst boomt der Ratgebermarkt mit Seminaren, Büchern und Apps, wie wir unsere Zeit besser managen, die Beziehung erotischer gestalten und unsere ei- genen Bedürfnisse besser anmelden können. Doch bringt uns das Wohlbefinden? Eher im Gegenteil. Der Druck, den wir uns selbst machen, wächst. Am schlimmsten ist, dass wir glauben, dieses Leben in der Optimierungsfalle sei normal.

Wir erkennen gar nicht mehr, was wir sind und haben, wie viel wir leisten. Wenn ich in meinen Vorträgen die Teil- nehmer frage, an welche fünf Erfolge sie sich vom heutigen Tag oder der letzten Woche erinnern, entsteht meist das große Schweigen. Wenn ich frage, warum, bekomme ich oft zur Antwort, dass es doch keine nennenswerten Erfolge gäbe. Dies ist für mich ein gutes Bespiel, wie wenig wir selbst schätzen, was wir tun. Wir stehen auf, auch wenn wir keine Lust dazu haben, die Kinder kommen pünktlich in die Schule und haben ein gesundes Pausenbrot dabei, wir kümmern uns um den kranken Nachbarn, fahren die Eltern zum Arzt und zaubern zur rechten Zeit das Abendessen auf den Tisch. Wir kommen unfallfrei zur Arbeit und springen ein, wenn Not am Mann ist. Gute Ideen, Zuverlässigkeit und Konsequenz – ist das wirklich alles so selbstverständlich? Keineswegs. Bevor wir mit uns zufriedener sein können, müssen wir erst einmal wahrnehmen und wertschätzen, was wir tagein, tagaus stemmen.

Nehmen Sie Ihr Wohlbefinden selbst in die Hand – nur dann gelingt es wirklich

Wohlbefinden überall zu erwarten, wahrzunehmen und zu leben ist eine Einstellungsfrage. Der einzige Weg dorthin führt über uns selbst. Zunächst ist eine Entscheidung nötig: Wir erlauben uns, dass es uns immer gut gehen darf, egal was um uns passiert. Wie oft höre ich von Frauen, dass es ihnen nicht gut ginge, weil ein Kind Liebeskummer hat oder keinen Job findet. Es ist ganz klar, dass uns das Schicksal von Menschen, die uns besonders nah sind, auch besonders berührt und wir gern – meist unaufgefordert – helfen wollen. Wir übersehen dabei manches Mal, dass wir aus unserer Perspektive urteilen und helfen, der Betreffende das vielleicht aber gar nicht will. Im schlimmsten Fall hängen wir uns in etwas hinein, das uns nichts angeht. Die Rechnung dafür zahlen immer wir selbst. Nicht nur dann, wenn die anderen über unsere Ratschläge verstimmt sind, sondern vor allem, weil wir pausenlos unsere Kraft verheizen, so, als ob wir unendlich viel davon hätten. Haben wir aber nicht. Energie kommt nicht aus dem Nichts zu uns zurück, irgendwann sind unsere Batterien leer. Gerade in anspruchsvollen Zeiten, gerade wenn Menschen um uns herum Sorgen haben, müssen wir gut für uns sorgen. Nur wenn es uns wirklich gut geht, haben alle etwas davon. Nur wenn es uns gut geht, können wir die vollen Kapazitäten unseres Gehirns nutzen, kreativ und effizient sein, gute Lösungen finden und uns konzentrieren.

Sobald uns negative Emotionen im Griff haben, schaltet das Denkhirn ab. Weil das Denkhirn jünger als das Emotionshirn ist, hat es weniger zu sagen. Weil es langsamer reagiert, bekommen wir die Emotionen zuerst zu spüren. Erinnern Sie sich an den Tunnelblick? Wir sehen bei Aufregung, Stress & Co. nur noch das, was wir befürchten, und wiederholen alte Muster, auch wenn sich diese nicht bewährt haben. Der Gehirnforscher Gerald Hüther hat dafür eine schöne Metapher gefunden: Das Gehirn ist wie ein Fahrstuhl. Wenn wir gut drauf sind, befindet der sich ganz oben auf der Plattform mit toller Aussicht und allen Möglichkeiten. Wenn wir Stress haben, uns ärgern oder Sorgen machen, fährt er eine Etage runter. Die Aussicht ist eingeschränkt und Routine ist angesagt. Wird der Stress größer, nimmt die Aussicht immer mehr ab, unser unlogisches Verhalten immer mehr zu. Irgendwann in den unteren Etagen verhalten wir uns wie Kinder, weinen, schreien oder werden bockig, um ganz am Ende im Keller zu landen, wo wir entweder aggressiv werden oder gar nicht mehr in der Lage sind, etwas zu tun.

Wir können unser Befinden jedoch selbst beeinflussen. Viel zu lange haben wir darauf gewartet, dass uns Kollegen oder der Chef mal fragen, wie es uns geht, uns loben oder sehen, was wir leisten. Sie werden es nicht tun, solange wir unsere Leistungen nicht selbst anerkennen, wir uns selbst nicht wichtig nehmen.

Mit der Zuständigkeit für unser Wohlbefinden ist das so eine Sache. Wir wissen meistens, was wir nicht wollen, können jedoch schwer formulieren, was wir stattdessen wollen.

Wir haben den heimlichen Wunsch, dass die anderen erahnen, wie es um uns steht und was wir uns wünschen. Können sie aber gar nicht, weil sie nicht wie wir sind. Müssen sie auch nicht, weil es eben um uns geht. Statt mit noch mehr Anstrengung und Einsatz zu reagieren und noch enttäuschter und kraftloser zu werden, können wir sofort anfangen, uns um uns zu kümmern. Wie beim Schokolade naschen. Das tun wir auch sofort, wissen, was uns schmeckt und guttut, machen keine falschen Kompromisse und sind danach besser drauf und viel leistungsfähiger.

Wenn wir uns nun noch einmal daran erinnern, dass Burn-out oder negative Gefühle auch Gesunde anstecken, haben wir einen weiteren guten Grund, warum Selbstfürsorge so wichtig ist. Wir werden sonst von zwei Seiten zerrieben. Auf der einen verausgaben wir selbst unsere Kräfte ohne Maß. Auf der anderen schwappen die negativen Informationen und das Befinden der anderen auf uns über. Die einzige Chance des Schutzes ist die Investition in sich selbst.

Erwarten Sie Wohlbefinden bei der Arbeit, sonst treffen Sie es nicht

Überprüfen Sie Ihre Einstellungen: Welche Gefühle haben Sie zum Beispiel Ihrer Arbeit gegenüber? Sind Sie dankbar, dass Sie eine haben? Freuen Sie sich, dass Sie dort interessante Menschen treffen? Stellen Sie sich vor, bei der Arbeit Freude zu erleben? Überall warten die Möglichkeiten auf uns. Doch um etwas zu erleben, müssen wir es kennen oder erwarten, sonst sehen wir es nicht. Und wenn wir es sehen, müssen wir es schätzen. Nehmen Sie also den schicken Schreibtisch oder ein schönes Zuhause nicht als selbstverständlich!

Trainieren Sie, jede Situation aus verschiedenen Perspektiven zu betrachten und optimistisch das Beste draus zu machen. Sehen Sie beide Seiten der Medaille, also die negativen *und* die positiven Aspekte. Meist nimmt ein Schmerz oder ein Problem unsere ganze Aufmerksamkeit ein und wir vergessen den Rest, der viel größer ist. Erinnern Sie sich an einen Tag mit Kopf- oder Rückenschmerzen? Der Schmerz ist unerträglich und wir sind nur damit befasst, ihn loszuwerden. Kein Gedanke geht an unsere schönen, gesunden Augen, dass Atmung und Verdauung reibungslos funktionieren, dass wir gehen können oder genug sauberes Wasser aus der Wand kommt. Haben wir Probleme mit dem Liebsten, vergessen wir unseren gesunden Körper, haben wir Ärger auf der Arbeit, sehen wir unsere tolle Wohnung nicht, sind wir krank, tröstet das gut gefüllte Konto nicht. Am leichtesten ist es, den Überblick über all das Gute in unserem Leben zu haben, wenn wir nicht gestresst, sondern einigermaßen in unserer Mitte sind. Dann funktioniert unser Gehirn am besten und wir sind im Kreislauf des Guten: Wenn wir die guten Seiten des Lebens sehen, führt das dazu, dass wir uns besser fühlen. Mit guten Gefühlen haben wir bessere mentale Kapazitäten, Gutes zu schaffen und Gutes zu erleben.

Lernen wir, realistisch und guten Mutes zu sein und die vielen großartigen Dinge unseres Lebens und unserer Arbeit wertzuschätzen. Dann haben wir Energie für den Umgang mit dem Rest. Dabei hilft folgende Morgenroutine: Was kann ich heute dafür tun, dass ich mich wohlfühle? Diese Frage mit Sofort-Effekt ist ein Geschenk und kann Ihr erster Gedanke nach dem Aufwachen sein. Es geht dabei darum, nicht länger darauf zu hoffen, dass der neue Auftrag, die neuen Schuhe oder eine Liebeserklärung uns dauerhaft glücklich machen, sondern selbst für unser Wohlbefinden zu sorgen. Mit uns selbst verbringen wir im Übrigen den Rest unseres Lebens, und zwar so intim wie mit niemandem sonst. Höchste Zeit also, besser mit uns umzugehen.

Nutzen Sie die Chance des Morgens. Was denken Sie normalerweise um diese Tageszeit? Wie gut es war, in einem so schönen Bett zu schlafen, oder was für ein toller Tag vor Ihnen liegt? Wahrscheinlich nicht. Die zu erwartenden Probleme stehen riesig vor Ihnen. Aber denken Sie daran: So wie wir den Tag mental beginnen, wird er werden. Und aus diesen ganzen einzelnen Tagen reiht sich unser Leben aneinander. Positive Gedanken am Morgen sind also eine ganz konkrete Verbesserung für Ihr Lebensgefühl. Im Übrigen sollten sie natürlich den Tag genauso beschließen, wie Sie ihn begonnen haben – mit guten Gedanken und Gefühlen.

Im Unterschied zum Genießen von Musik, Essen oder Urlaub ist der Einsatz für das eigene Wohlbefinden bei der Arbeit nicht immer angenehm, leicht und locker. Vor allem nicht am Anfang. Wir brauchen viel Disziplin für das Genusskonzept im Arbeitsalltag, denn wir haben jahrzehntelang etwas anderes praktiziert. Das Gehirn braucht bei allen Neuerungen, selbst wenn sie gut für uns sind, Wiederholung. Einen bis drei Monate dauert es, bis wir uns vertrauter mit etwas Neuem fühlen.

Leider reicht unsere Disziplin oft nicht mehr für unsere eigenen Vorhaben, denn wir verbrauchen sie den ganzen Tag über für andere. Wir verbiegen uns für unsere Kunden, Chefs und Kollegen, wollen mit aller Kraft Leistung bringen und suchen Anerkennung um jeden Preis. Je mehr wir uns im Arbeitsalltag beherrschen – freundlich sind, keine unerwünschte Antwort geben, nicht zu viel Süßes naschen –, umso weniger Disziplin ist übrig, wenn wir nach Hause kommen. Wie verhalten wir uns nach Feierabend? In der Regel so, wie es kein Kunde von uns erleben würde. Das geht zulasten der Freunde oder der Familie, von denen wir doch behaupten, sie seien die Wichtigsten für uns.

Schlafmangel, eine unzureichende Ernährung oder Infekte verschlimmern den Mangel an Willenskraft. Hinzu kommt, dass wir drei bis vier Stunden am Tag damit befasst sind, Versuchungen zu widerstehen – von Essen über Shoppen bis Facebook. Das fand der Psychologe Roy Baumeister heraus; der Alltag bestätigt dies. In der Zeitschrift *Fit for Fun* wurde eine Untersuchung vorgestellt, nach der sich 99,6 Prozent der Menschen beim Frühstück nicht aufs Essen konzentrieren, sondern Fernsehen, Radio oder Zeitung parallel verfolgen. 20 Prozent sind online, 6,7 auf Social-Media-Plattformen. Am schwersten ist es, dem Fernsehen, Internet oder den sozialen Netzwerken zu widerstehen. In der Hälfte der Fälle scheitern wir. Warum? Weil hier eine Stärke des Menschen seine Schwäche wird: die Neugier. Und weil unser Bedürfnis dazuzugehören uns auf die Füße fällt. Testen Sie doch einmal, wie lange Ihr Wohlbefinden anhält, wenn Sie einen Tag lang (oder zwei oder fünf) keine E-Mails lesen oder das Handy ausschalten. Für manche von uns scheint dies unvorstellbar.

Unser innerer Wille ist also schwer beschäftigt, dabei brauchen wir ihn dringend für uns selbst. Der Sportpsychologe Steven Reiss sagt, dass der innere Wille entscheidet, wie gut wir uns selbst motivieren können. Dabei müssen Kopf, Gefühl und Aktivität ausbalanciert sein. Das, was wir tun wollen, muss wichtig für uns sein, wir sollten es gern tun und in der Lage sein, es zu tun. Das ist das Optimum. Egal ob Sie also eine neue Strategie für Kundengespräche anwenden wollen, nach dem Feierabend einem neuen Hobby nachgehen oder einfach mehr Zeit für sich haben wollen, alle drei Komponenten müssen zusammenpassen. Erfolge werden dann im vorderen Großhirn gespeichert. Je mehr wir davon haben, umso besser können wir uns wiederum motivieren, an unserem Wohlbefinden selbst dranzubleiben.

Für manchen ist eine schwere Krankheit der Weckruf, einen neuen Weg im Leben zu gehen. So auch bei Louise Hay. In den 60er-Jahren des vergangenen Jahrhunderts begann sie sich, damals 40-jährig, mit dem positiven Denken zu befassen. Was folgte, war der sukzessive Aufbau einer Weltkarriere. Das, was sie gelernt hat, gibt die Grande Dame und Pionierin der Beraterszene seit mehr als vier Jahrzehnten weiter, um anderen Menschen das Leben leichter zu machen. Ich durfte sie in Hamburg im fast ausverkauften Kongresszentrum erleben und war beeindruckt von der fröhlichen und fitten 86-Jährigen, die Tausende aus ganz Europa anzog. Ihre Faszination gewinnt sie nicht nur durch ihren persönlichen Lebens- und Entwicklungsweg, sondern vielmehr dadurch, dass spürbar ist, wie sehr ihre Arbeit eine Herzensangelegenheit für sie ist. Zudem hat sie die Gabe, scheinbar schwierige Dinge im Leben einfach und praktikabel zu machen.

Ein Beispiel: Louise Hay ist bekannt für ihre Arbeit mit Affirmationen zur Heilung des Körpers oder Änderung einer Situation. Sie erklärt, dass alles, was wir denken und sagen, Affirmationen sind. Viele Menschen nutzen diese Leitsätze, um sich positiv zu programmieren und ihrem Denken und Tun eine gewünschte Richtung zu geben. Viele haben aber auch die Erfahrung gemacht, dass die gewünschten Ergebnisse wie Glück, Liebe, Wohlstand oder Gesundheit ausblieben, und lehnen die Technik deshalb ab. Vergessen werden dabei zwei Dinge: zum einen die Tatsache, dass Könnerschaft und damit Wunscherreichung tausendfache Wiederholung braucht. Zum anderen übersehen wir leicht, wie häufig wir die Gegenspieler unserer Wünsche, also Sorgen, Zweifel und negative Gedankenmuster denken. Diese wiederholen wir oft und lange, bis sie dann zu sich selbst erfüllenden Prophezeiungen werden. Wenn wir davon ausgehen, dass wir im Schnitt etwa sieben Stunden schlafen und etwa die Hälfte der Wachzeit in Gedanken woanders sind, haben wir ein Potenzial von acht bis neun Stunden für negatives Denken. Oder positives. Letzteres tritt leider automatisch seltener auf und muss bewusst gesteuert werden.

Was wir tun, bestimmt, was im Leben passiert. Und was wir denken, bestimmt, was wir tun. Möglichkeiten dazu gibt es viele. Nehmen wir die vielen Spiegel, die uns umgeben, als Beispiel. Wie schauen Sie hinein? Freundlich, herzlich, liebevoll, oder schauen Sie sich erst gar nicht richtig an? Louise Hay hat ein Konzept der Spiegelübungen entwickelt. Dabei schaut man 30 Tage lang – am besten länger – täglich bei jeder Gelegenheit in einen Spiegel, ein Schaufenster oder Ähnliches und ist freundlich zu sich selbst: »Ilona, du bist wunderbar. Ich liebe dich, Ilona. Hallo Ilona, mein Schatz« – oder was immer Ihnen Spaß macht.

Wie fühlt sich das an, wenn Sie diese Zeilen lesen? Wahrscheinlich fremd, unangenehm, lächerlich. Probieren Sie es aus und es wird sich erst einmal genauso anfühlen. Ich kann jedoch aus eigener Praxis sagen, dass sich Ihr Leben ändern wird. Der Dreh- und Angelpunkt aller Beziehungen und Erlebnisse im Leben ist die Beziehung zu uns selbst. Niemand ist so garstig zu uns wie wir selbst. Nie sind wir mit uns zufrieden. Das zu korrigieren ist doch ein lohnendes Ziel, stimmt's?

Als Louise Hay in Hamburg fragte: »Wer denkt immer mal wieder, nicht gut genug zu sein?«, hoben von etwa 3000 Teilnehmern geschätzte 2998 die Hand. Es ist ein menschliches, ein kulturelles Problem, dass es uns großartig geht, wir so viel erreicht haben und unglaublich viel leisten – wir das aber selbst am wenigsten anerkennen. Louise Hay empfiehlt, sich mit Hilfsmitteln zu umgeben, die gute Gedanken und Gefühle verbreiten: Kalender, Sprüche, die gern auch auf der Toilette und in(!) der Dusche hängen dürfen, E-Mails oder SMS, die Sie an sich selbst senden. Wäre es nicht großartig, wenn Sie mitten in der größten Hektik sind und eine SMS erhalten wie »Ich glaube an dich«? Glück, so meint auch Lissy Götz, ist eine Geisteshaltung und reproduziert sich selbst. Wenn ich so handle, als wäre ich glücklich, ziehe ich Glück an. Wenn ich sorgenvoll bin, verhalte ich mich so und produziere die nächsten Sorgen.

Wenn unsere Wünsche oder Ziele auf Unerfülltem basieren, liegt genau darin die Antwort, warum das Gewünschte oft nicht erreicht wird. Wenn ich traurig bin, weil ich allein lebe, wünsche ich mir einen Partner. Wenn ich enttäuscht bin, dass ich weniger verdiene, als bei meiner Ausbildung angemessen wäre, wünsche ich mir eine Gehaltserhöhung. Die aktuellen Gefühle stimmen nicht mit den Wunschgefühlen überein. Sobald wir in der Lage wären, aus dem Gefühl des Geliebtseins (zum Beispiel von uns selbst, Eltern oder Kindern) einen Partner zu suchen, wären wir erfolgreicher. Oder wenn wir uns aus dem Gefühl, schon so viel zu haben, mehr Geld wünschten, würde auch dies besser passen. Sorgen Sie also bei Ihren Lieblingsgedanken für passende positive Gefühle. Dann können Sie anfangen, sich und anderen das zu geben, was Sie sich wünschen. Sie sind das lebende Modell dafür, wie andere Menschen mit Ihnen umgehen, wer auf Sie zukommt und wer nicht. Die meisten Wünsche von uns Menschen sind Wünsche nach Aufmerksamkeit, Anerkennung und Gemochtwerden. Sie sind meist deshalb so groß, weil wir uns selbst so wenig davon geben. Das können wir erfreulicherweise sofort ändern.

Optimismus ist wie eine Sprache

Sprechen Sie optimistisch? Viele Menschen bejahen diese Frage schnell. Manche sagen zu mir, wie kürzlich eine Klientin: »Ich bin kein Pessimist. Aber ich habe Zweifel.« Machen wir uns da vielleicht manchmal etwas vor?

Optimismus gehört zu den beliebtesten Eigenschaften, die wir uns wünschen. Optimismus macht das Leben nicht nur angenehmer, sondern auch erfolgreicher und gesünder. Optimismus wurde von der Wissenschaft als eine der wichtigsten Tugenden und als elementarer Baustein für unser Wohlbefinden erforscht.

In der Glücksforschung geht man davon aus, dass zu etwa 50 Prozent unsere Anlagen über unser Wohlbefinden bestimmen und nur zu 10 Prozent die Lebensumstände. Immerhin 40 Prozent liegen in unserer Hand, also wie wir die Dinge sehen und vor allem ob wir sie sehen.

Der Vergleich mit der Sprache kann als Modell dienen. Die Fähigkeit, Sprachen zu erlernen, ist angeboren. Ob es uns leichter oder schwerer fällt, auch. Je früher wir damit beginnen, umso leichter haben wir es später, denn wir trainieren unser Gehirn. Genauso ist es mit dem Optimismus. Wir müssen zunächst einmal die Kategorie Optimismus lernen. Denn nur das, was im Gehirn angelegt wurde, kann von uns erkannt werden, sonst erleben wir es gar nicht. So wie Sie Japanisch nicht verstehen und nicht einmal erkennen, wenn Sie es nicht gelernt haben.

Dies ist die erste Hürde, die es zu nehmen gilt. Hilfreich ist dabei, sich mit optimistischen Menschen zu umgeben, optimistische Gedanken zu lesen und so die Kategorie des Optimismus zu entwickeln. Meiden oder reduzieren Sie parallel den Umgang mit missmutigen Menschen und die Aufnahme negativer Informationen. Je mehr wir davon hören und erleben, umso normaler ist es für uns. Am Ende glauben wir gar, so sei die Realität! Weit gefehlt. Wir filtern genau das, was zu unseren Erwartungen und Erfahrungen passt.

Der nächste Schritt ist zu lernen, den Optimismus im eigenen Leben anzuwenden, immer mehr Raum dafür zu schaffen. So wie eine Fremdsprache immer wieder geübt, gefestigt, in verschiedenen Kontexten angewendet wird, braucht auch der Optimismus Pflege durch Anwendung. Dadurch werden im Gehirn neuronale Vernetzungen geschaffen, die es wiederum leichter machen, optimistisch zu sein. Das Gehirn verändert seine Form genau danach, was wir häufig tun und denken, und am meisten danach, was uns dabei noch begeistert. Da dürfte es der Optimismus sogar leichter haben als manche Fremdsprache, denn optimistisch zu sein fühlt sich einfach gut an.

Der letzte Schritt ist das Schaffen von Erfolgserlebnissen und dadurch die Festigung optimistischer Einstellungen. So entsteht eine Aufwärtsspirale des Wohlbefindens, die andere anstecken kann, die Arbeit und Leben leichter und erfolgreicher macht. Wer sich wohlfühlt, engagiert sich von ganz allein, denn er hat etwas aus seinen vollen Batterien abzugeben. Wer sich wohlfühlt und optimistisch ist, ist ohne Anstrengung zu Höchstleistungen fähig, weil gute Emotionen das Denkhirn zur Bestform führen.

Sind Sie glücklicher, als Sie denken?

Wir haben uns in diesem Kapitel mit der Erlaubnis zu genussvollem Arbeiten und Leben befasst, kurzum, mit der Erlaubnis zum Wohlbefinden. In der Positiven Psychologie wurde herausgefunden, dass für viele Menschen die Beschäftigung mit Glück eher kontraproduktiv war. Glück scheint so groß, so unfassbar, so unverdient zu sein. Warum eigentlich?

Glück bedeuten die vielen kleinen täglichen Annehm-
lichkeiten und das Gefühl der Zufriedenheit mit dem Leben. Zum Glücklichsein braucht es nicht einzelne seltene
Highlights wie eine Beförderung oder die Geburt eines Kin-
des. Also umgedacht und Augen auf!

Wahrscheinlich sind Sie sogar glücklicher, als Sie glauben. Wissenschaftliche Untersuchungen stützen diese
These. Denn: Die meisten Menschen sind generell glücklich. Nicht mit allem und in großem Maß, aber als Tendenz.
Außerdem gibt es eine Art Ausgangspunkt des Glücks, der
angeboren ist. Also ein Maß an Glück, zu dem wir immer,
auch nach schweren Schicksalsschlägen zurückkehren. Das
heißt, wir sind resilienter, widerstandsfähiger gegen Un-
glück, als wir denken. Das sind doch schon einmal gute generelle Voraussetzungen für jeden von uns!

Glücksfaktoren

Sie lächeln
Wer lächelt, lebt länger und hat weniger Herzkrankheiten. Lächeln macht glücklich, weil selbst ein unechtes
Lächeln unserem Gehirn die Nachricht sendet, dass wir
glücklich sind.

**Sie ziehen es vor auszugehen, statt vor dem Fernseher
zu sitzen**
Glückliche Menschen verbringen 30 Prozent weniger
Zeit vor dem Fernseher, sondern sind lieber mit anderen
unterwegs. Egal ob Sie ins Kino, die Kirche oder zum
Sekttrinken gehen, die Verbundenheit mit anderen Menschen zählt.

Sie bewahren Erinnerungen an schöne Augenblicke im Leben

Sie sammeln Fotos, Steine oder ähnliche scheinbar sentimentale Erinnerungsstücke? Weiter so, denn diese tragen später zu Glücksgefühlen bei und sorgen für die Erwartung weiteren Glücks.

Sie treiben Sport

Bewegung baut das Stresshormon Cortisol ab und vertreibt Depressionen. Schon wenige Minuten am Tag reichen. Am besten ist die Wirkung im Freien, da dann gleich noch Vitamin D produziert wird, das gesund und glücklich macht.

Sie gehen zum Yoga

Eine Studie mit 160 Yoga-Lehrern ergab, dass die regelmäßige Yoga-Praxis die Glücksblutwerte um 27 Prozent steigert, wodurch das Wohlbefinden wissenschaftlich messbar wächst.

Sie haben glückliche Menschen um sich

Erfreulicherweise können wir uns nicht nur mit negativen Informationen, Gefühlen und Haltungen anstecken, das Ganze funktioniert auch umgekehrt. Ein gutes Gefühl bei der Arbeit hat positiven Einfluss auf das Privatleben. Wer nach einem angenehmen, erfolgreichen Tag nach Hause kommt, ist eher bereit, den anderen zu unterstützen. Und die guten Gefühle von zu Hause kommen natürlich in die Arbeitswelt zurück.

Sie gehen regelmäßig zur Massage

Eine Massage steigert die Abwehrkräfte und verringert die Konzentration an Stresshormonen im Körper. Es konnte nachgewiesen werden, dass nach 45 Minuten

Massage die Anzahl der Lymphozyten zugenommen und das Stresshormon Cortisol abgenommen hatte.

Sie haben jemanden, mit dem Sie reden können
Das Sprechen über schmerzhafte oder traumatische Ereignisse beschleunigt deren Verarbeitung, weil der Prozess des Sprechens zu einer Analyse, Organisation und zum Verständnis des Geschehens beiträgt.

Sie schreiben Tagebuch
Für das Schreiben gilt Ähnliches. Die Unterdrückung von Gedanken ist harte Arbeit, ein Stressor, der krank macht. Umso härter man eine Erinnerung unterdrücken muss, umso größer ist der Stress. Das Benennen des Ereignisses, der Gedanken und Gefühle, führt zur Verarbeitung und damit zum Abschließen.

Sie gehen zum Coaching oder coachen sich selbst
Das heißt, Sie nehmen Ihr Leben selbst in die Hand und minimieren damit einen der größten negativen Stressoren: das Gefühl des Ausgeliefertseins.

Sie helfen anderen gern
Altruismus ist der Glücksfaktor Nummer eins. Wir Menschen sind soziale Wesen und wenn wir uns mit anderen verbunden fühlen, sind wir am glücklichsten.

Sie essen gern Schokolade
Dann erleben Sie regelmäßig chemische Glückskeulen aus Ihrem Gehirn wie Dopamin und Serotonin. Doch Achtung, wechseln Sie immer mal die Sorten, sonst werden Sie unbemerkt die Dosis erhöhen, denn Dopamin nutzt sich ab und braucht immer neue Reize, egal ob bei Schokosorten oder im Leben.

 Genusspraxis:
Haltungsfragen

1. Machen Sie sich bewusst, was für einen guten Job Sie haben.
Unser Gehirn passt sich an, der gleiche Kuchen schmeckt beim zehnten Mal lange nicht mehr so gut wie beim ersten. Wir übersehen deshalb auch bei der Arbeit gern, wie viel Gutes und Wertvolles wir haben, weil es ganz selbstverständlich geworden ist.

2. Konzentrieren Sie sich auf Stärken, Ihre und die der anderen.
Wer seine Stärken bei der Arbeit nutzt, ist engagierter und hat 40 Stunden die Woche Spaß. Wer die eigenen Stärken nicht nutzt, brennt schon nach 20 Stunden aus, egal wie anstrengend die Arbeit ist.

3. Sehen Sie Erfolge, von sich und anderen.
Beginnen Sie Teambesprechungen, das Abendessen oder die Reflexion über den Tag mit Gelungenem, mit Erfolgen.

4. Entdecken Sie ein Optimismusmotto.
Es gibt immer Augenblicke, in denen etwas schiefgeht oder anders läuft als erwartet. Dafür brauchen Sie eine Aufmunterung wie »Das wird schon« oder »Es geht am Ende alles gut«.

5. Erteilen Sie sich ein »Aber«-Verbot.
»Aber« ist der Tod jedes Dankes, Komplimentes oder Lobes. »Ich bin dankbar für meine Kollegen, aber die Neue ärgert mich«, wäre so ein Beispiel. Besser ist es, dankbar ohne Wenn und Aber zu sein für das, was Ihnen gefällt, und ein anderes Mal über Verbesserungen nachzudenken.

6. Überprüfen Sie die Realität.

Schauen Sie genau hin, sammeln Sie Fakten, statt zu spekulieren. Was sind wirklich Tatsachen und wo geht die Fantasie mit Ihnen durch?

7. Nutzen Sie die Kraft der sich selbst erfüllenden Prophezeiungen.

Arbeiten Sie mit guten Gedanken. Bauen Sie sich einfache Sätze aus optimistischen Absichten, die Sie so häufig wie möglich wiederholen. Etwa: »Ich bekomme Unterstützung und nehme sie an« oder: »Ich stecke meine Kunden mit meinem Optimismus an.«

8. Lassen Sie sich nicht alles gefallen – von sich selbst.

Unser Gehirn ist ein wenig außer Kontrolle geraten und macht manchmal mit uns, was es will. Dann sind wir übellaunig oder sehen keine Lösungen und befassen uns mit destruktiven Gedanken. Genuss braucht geistige Disziplin.

9. Entwickeln Sie ein flexibles Weltbild.

Für Optimisten ist die Welt voller Möglichkeiten. Bei Rückschlägen suchen sie nach der nächsten Chance, statt Fehler als Bestätigung der eigenen Unfähigkeit zu sehen.

10. Sorgen Sie besser für sich.

Je besser es Ihnen geht, umso leichter sind Optimismus, Lebensfreude und Wohlbefinden. Nehmen Sie sich jede Woche einen »realistischen Wunsch« vor und erfüllen Sie ihn sich. Das kann zum Beispiel ein Abend mit einem guten Buch sein. Oder nutzen Sie doch einfach einmal die Gleitzeit und fangen Sie eine halbe Stunde später an!

Genießen Sie, was Sie sind und haben

Kürzlich durfte ich bei einer Bank in Goslar einen Vortrag halten. Die Stimmung war gut. Ein Feuerwerk an Fragen und Kommentaren sorgte für ein offenes und heiteres Arbeitsklima. Der gastgebende Direktor war entsprechend angetan, als er die Veranstaltung schloss und sich bei mir bedankte. Und er hatte eine spontane Idee, mich zu überraschen. Er schenkte mir seinen Lottoschein. Es war Mittwoch, im Jackpot lagen 22 Millionen Euro. Ich war beeindruckt, nahm den Schein guter Dinge und begab mich zum Zug.

Nachdem ich es mir bequem gemacht hatte, nahm ich den Lottoschein aus der Tasche. Er war echt. Plötzlich fragte ich mich: »Was tue ich denn, wenn ich gewinne?« Musste, wollte ich teilen? Wenn ja, wie? 20 Millionen für ihn, zwei für mich wäre ein guter Anfang. Hälfte, Hälfte? Bevor ich zu viel grübelte, sagte ich mir, was ich gern meinen Klienten sage: »Rankommen lassen.« Doch einen Gedanken erlaubte ich mir noch. Wenn ich mehrere Millionen gewinnen würde, würde ich aufhören zu arbeiten? Die prompte und klare Antwort war Nein. Denn ich habe eine befriedigende Arbeit. Ich tue, was ich kann, und werde gebraucht. Ich habe mir seit vielen Jahren Arbeitsumfeld und -inhalt so erarbeitet, dass sie mir guttun. Gewinn hin oder her. Mein Leben hatte keinen Änderungsbedarf.

Wie schön, dass so deutlich zu sehen! So konnte ich auch mit einem Lächeln am Abend im Internet sehen, dass jemand anderes gewonnen hatte. Ich wünschte gedanklich alles Gute.

Wie viel Genuss hatten Sie heute in Ihrem Arbeitsalltag? Keinen? Das glaube ich nicht. Versuchen wir es noch einmal. Suchen Sie ein bisschen. Es gibt immer etwas Angenehmes zu entdecken. Vor allem dann, wenn wir einen Anspruch darauf erheben – den wir uns selbst erfüllen können.

In einer meiner Kolumnen für *Focus online* schrieb ich über die Freude bei der Arbeit. Daraufhin wurde ich bitterböse von einem Leser kritisiert: Ich hätte offenbar keine Ahnung, wie schwer es sein kann, den Lebensunterhalt zu verdienen und dafür jede Arbeit annehmen zu müssen. Ich habe mich gefragt, was das eine mit dem anderen zu tun hat. Natürlich gibt es schwerere oder leichtere Arbeiten, natürlich sind die Bedingungen besser oder schlechter. Ich arbeite in meinen Vorträgen öfter mit medizinisch-technischen Assistentinnen in Radiologien zusammen. Die Arbeitsbedingungen sind oft belastend. Meist sind die Abteilungen im Keller angesiedelt, die Arbeit ist zum Teil körperlich schwer, der Druck groß, es gibt Schichtarbeit und alle, wirklich alle Menschen bringen ihre Sorgen, Ängste, ja oft auch Aggressivität mit. Kliniken und medizinische Einrichtungen sind sehr hierarchisch organisiert, und die Schwestern, die manchmal das meiste leisten, stehen relativ weit unten in der Hierarchie. Sie können wenig mitgestalten, bekommen aber den Frust von allen Seiten ab. Würden Sie so arbeiten wollen? Diese Menschen ja. Und sie tun es mit Hingabe, höchstem Pflichtbewusstsein und – Liebe. Mit Engagement oft über die eigenen Grenzen hinaus, und ich kann nur sagen: Hut ab. Ich denke, diese Menschen, meist Frauen, brennen für das, was sie tun. Und sie tun gern Gutes. Gibt es das nicht überall zu entdecken?

Wissen Sie, Genuss kann auch sein, dass Sie keine Schichten arbeiten müssen oder dass Ihre Arbeit nicht schmutzig ist. Manchmal ist es einfacher, die guten Seiten zu sehen und zu genießen, wenn man sich bewusst macht, welche Nachteile man *nicht* hat. Ich werde in diesem Buch wohl noch häufiger sagen, dass alles eine Kopf-, sprich Aufmerksamkeits- und Wahrnehmungsfrage ist.

Wechseln Sie die Perspektive

Im täglichen Sprachgebrauch wird das Wort »Stress« im negativen Sinne verwendet. Definiert sind jedoch zwei Arten,
der eine positiv, der andere negativ. Beiden gemeinsam ist,
dass die automatische Stressreaktion des Körpers uns überhaupt erst einmal handlungs- und leistungsfähig macht. Ob
wir die Situation als Herausforderung, Chance und Lern-
möglichkeit oder eben als Gefahr, Ungerechtigkeit, Überforderung und Zumutung wahrnehmen, entscheidet darüber, welche Art von Stress wir erleben. Sie sehen, was das für
Sie bedeutet? Nur durch die Bewertung einer Situation können Sie schon einen Schalter umlegen. Dies trifft auch auf
die Einordnung des Themas Stress im gesellschaftlichen
Kontext zu. Viel zu schnell stimmen wir in die allgemeine
Klage ein, die Lebensumstände würden immer schwieriger
und belastender. Der Stressreport Deutschland 2012 zeigt
zum Beispiel, dass etwa jeder Zehnte über chronischen
Stress klagt. Das heißt jedoch auch, dass neun von zehn
keinen chronischen Stress haben. Nach dem DAK-Gesundheitsreport 2013 ist die Zunahme der Fehltage aufgrund
psychischer Erkrankungen zwar sehr hoch und die Ausfall-
dauer sehr lang. Absolut gesehen bleibt der Anteil der Betroffenen demgegenüber aber relativ gering. Von einer Ar-
beitsunfähigkeit nach einer psychischen Diagnose waren
2012 4,5 Prozent der Erwerbstätigen betroffen, bei Atem-
wegserkrankungen liegt die Zahl bei 20,2 Prozent und bei
Muskel-Skelett-Erkrankungen bei 11,9 Prozent. Denken Sie
am besten selbst und lassen Sie sich nicht von Stimmungen
oder Spekulationen mitreißen.

 Genusspraxis:
Stresstransformation

1. Welchen Gedanken kann ich jetzt denken, damit ich mich wohlfühle?
Fragen Sie sich das bei Sorgen, Ängsten und Zweifeln. Mit unseren Gedanken machen wir uns selbst am meisten Angst. Die Realität ist niemals so schlimm wie unsere Gedanken. Sie können immer denken und fühlen, was Sie wollen.

2. Kommen Sie sich selbst auf die Schliche.
Zahlen Sie jedes Mal, wenn Sie einen »Problemblick« bekommen, destruktiv denken oder sich selbst mobben, einen Euro in eine Sparbüchse für einen guten Zweck.

3. Investieren Sie in die positive Waagschale.
Leben Sie eine Kultur der Selbstfürsorge, der Wertschätzung und des Optimismus. Das kostet überhaupt kein Geld. Kommunizieren Sie lösungsorientiert. Entwickeln Sie eine Kultur guter Nachrichten im Unternehmen.

4. Bringen Sie etwas zu Ende, bevor Sie das Nächste anfangen.
Unerledigtes sitzt uns ständig im Genick, egal wie klein oder groß. Das Gefühl, nicht genug geschafft zu haben, kommt daher, dass wir so viel anfangen und uns ablenken lassen.

5. Bestimmen Sie Anfang und Ende.
Zum Beispiel für Meetings, Gespräche und so weiter – und halten Sie sich daran! Die Effizienz wird sofort steigen.

6. Machen Sie Handy-Sabbaticals.
Schaffen Sie Zeiten der Unerreichbarkeit. In Meetings, beim Abendessen und einfach so. Ihre Konzentration dankt es Ihnen.

7. Schaffen Sie nach der Arbeit Abstand.
Geben Sie die Illusion auf, Sie könnten Arbeit und Privates trennen. Sorgen Sie lieber dafür, dass Sie in einem guten Zustand nach Hause kommen.

8. Nehmen Sie sich täglich fünf Minuten Zeit fürs Nichtstun.
Gar nichts. Auch nicht meditieren, lesen oder Yoga. So erholt sich das Gehirn und damit der Körper.

Leben Sie mit Situationen statt mit Problemen

Hatten Sie heute ein Problem? Wahrscheinlich, vielleicht sogar einige. Wie würde Ihnen die Vorstellung gefallen, dass dies gar nicht nötig ist? Was Sie dafür brauchen, ist eine Erkenntnis, Übung und Konsequenz.

Probleme entstehen, wenn wir Situationen als Überforderung, Ungerechtigkeit oder Einschränkung erleben. Zuerst nehmen wir nur Informationen wahr: Es regnet oder der Chef hat den Gesprächstermin mit uns verschoben. Nun kommen unsere Erfahrungen, Annahmen und Erwartungen ins Spiel, die in Bruchteilen von Sekunden die Informationen einordnen und bewerten. Das Fatale ist, dass wir uns oft gar nicht darüber im Klaren sind, welche Bewertungssysteme wir im Kopf haben. Wir staunen höchstens manchmal darüber, warum uns scheinbar immer wieder die gleichen Dinge passieren.

Menschheitsgeschichtlich gesehen war es überlebenswichtig, dass wir uns die Gefahren im Alltag besser als die Freuden merkten. Doch diese Fähigkeit unseres Gehirns ist heute eher ein Fluch, weil daraus eine Art Prinzip geworden ist. Wir halten uns zu lang damit auf, Probleme zu wälzen. Was hören Sie von Ihren Kollegen, Nachbarn, Freunden?

Krankheiten, Sorgen, Ängste, Probleme. Kaum Gelungenes. Das alles wird von unserem Gehirn aufgenommen und zu Denksystemen sortiert.

Kein Wunder also, dass Sie in Sekundenschnelle das Drama in jeder Situation sehen können. Der Regen vermiest Ihnen das Wochenende. Ihr Chef nimmt Sie entweder nicht ernst oder ist unfähig. An die Bewertungen sind immer Emotionen geknüpft – und zwar in der Regel unangenehme, da wir uns viel mehr mit negativen Gedanken und Bewertungen als mit positiven befassen.

Negative Emotionen verhindern die Lösungsfindung. Das menschheitsgeschichtlich ältere Emotionshirn schaltet das jüngere Denkhirn locker aus und blockiert unsere Fähigkeit zum lösungsorientierten Nachdenken. So entdecken Sie eben keine schicke Alternative für ein verregnetes Wochenende und können Ihrem Chef nicht entspannt gegenübertreten.

Werden Sie sich daher immer öfter darüber klar, wann Sie bewerten beziehungsweise abwerten und wann Sie spekulieren oder interpretieren. Konzentrieren Sie sich auf Fakten, dann können Sie darüber nachdenken, was zu tun ist. Meist merken wir an unangenehmen Gefühlen, dass wir uns verrannt haben. Informationen tun nicht weh, Interpretationen schon. Zum Umdenken gehört wie immer Disziplin und Übung und die Entscheidung zur Veränderung: Raus aus den Problemen, rein in die Situationen!

Wie Neuerungen im Unternehmen genussvoll gelingen

Apropos Problem: Nur wenige Menschen haben Freude an Neuerungen. Häufig werden sie verschoben, ignoriert oder umgangen. Unser Gehirn liebt Vertrautes. Der sogenannte

Neulandinstinkt führt dazu, dass wir uns zunächst in allen neuen Situationen etwas unwohl fühlen. In der Geschichte der Menschheit war eine veränderte Umgebung oft mit Lebensgefahr verbunden. Dies ist in unseren Gehirnen immer noch gespeichert. Der Gegenspieler zu diesem Instinkt ist das Dopamin. Der Wohlfühl- und Glücksbotenstoff wird immer dann ausgeschüttet, wenn wir etwas tun, was einen Überraschungseffekt hat, neu ist. Mut wird belohnt.

Wenn Veränderungen im Job anstehen und Sie die Situation nicht ändern oder verlassen wollen, dann akzeptieren Sie sie. Und zwar vollkommen. Was Kraft und Energie raubt, sind das Hadern mit einer Situation sowie das Hin und Her rund um Entscheidungen.

Mit Neuerungen kann derjenige besser umgehen, der weniger Regeln im Leben über »Richtig« oder »Falsch« aufstellt. Denn dann gibt es mehr Spielraum für »Anders« und weniger negative emotionale Bewertungen. Dies macht den Kopf frei fürs Denken und den entspannten Umgang mit den Neuerungen. In diesem Zustand können Sie auch Vorteile für sich selbst sofort wahrnehmen.

Handeln Sie in vier Schritten:

1. Entscheiden Sie sich für die Veränderung. Kein »Ich versuch's mal«, kein »Mal sehen«, sondern ein klares »Von nun an nur noch so«.
2. Fragen Sie sich öfter nach den Vorteilen einer Veränderung. Das Gehirn macht eine klare Kosten-Nutzen-Rechnung auf. Das Sammeln und Aufschreiben von attraktiven Vorteilen macht eine Veränderung leichter.
3. Fangen Sie an. Legen Sie einfach los. Dann entstehen kleine Erfolgserlebnisse, und das Gehirn gewöhnt sich

an die neue Situation. Wie schon erwähnt sind mindestens 30 Tage nötig, damit etwas Neues vertraut wird.

4. Belohnen Sie sich. Locken Sie sich mit kleinen Belohnungen, damit es leichter wird, die neuen Vorhaben umzusetzen oder sich anders zu verhalten.

Genusspraxis:
Veränderungen einleiten

1. Planen Sie Ihre Zukunft.
Schreiben Sie auf, was Sie bewahren und was Sie verändern möchten und wie Sie es umsetzen möchten. Dann haben Sie klare Vorgaben für den Alltag.

2. Beginnen Sie klein.
Sie wollen schon lang das ganze Büro ausräumen und tun es nicht, weil das Vorhaben zu groß ist? Fangen Sie mit dem Schreibtisch an. Genauso verfahren Sie mit dem neuen Computerprogramm oder einer neuen Kundenstruktur. Zerlegen Sie große Vorhaben in kleine, und zwar so lange, bis Sie sofort anfangen können.

3. Beschränken Sie die investierte Zeit.
Unangenehme Gespräche, Aufräumaktionen, Sport und neue Aufgaben werden gern verschoben, weil wir uns nicht quälen wollen. Setzen Sie sich ein Zeitlimit für die Beschäftigung mit Unangenehmem, und es wird viel einfacher.

4. Vereinbaren Sie einen Termin mit sich.
Wenn Sie etwas nicht gleich tun können oder wollen, vereinbaren Sie das »Wann« mit sich und tragen Sie es in den Kalender ein.

5. Suchen Sie Unterstützung.

Wenn wir verabredet sind oder jemandem darüber berichten, was wir tun wollen, ist die Wahrscheinlichkeit für die Umsetzung größer. Auch um Hilfe zu bitten ist legitim.

6. Suchen Sie Gleichgesinnte.

»Geteilte Freude ist doppelte Freude«, dieser Satz stimmt immer. Vielleicht finden Sie jemanden, der sich mit der Veränderung leichter tut und Sie mit Optimismus und guter Laune ansteckt.

7. Haben Sie Spaß.

Finden Sie bei allem, was Sie tun, einen angenehmen Aspekt, auf den Sie sich konzentrieren. Das bringt Ihr Gehirn in Bestform und Schwieriges oder Ungewohntes gelingt leichter.

8. Überlegen Sie abends im Bett, was das Beste ist, das heute geschehen ist.

Sehen Sie die Szene vor sich, hören Sie, was gesagt wurde, erleben Sie sie noch einmal und genießen Sie die guten Gefühle. Schluss mit dem Problem- und Ärgerfokus. Ran an die Wertschätzung für die guten Seiten Ihrer Arbeit!

Schützen Sie Ihre Schokoladenseite

Viel zu oft erlebe ich bei meinen Klienten, dass sie sich speziell bei Stress zurückziehen, aus Sorge vor Verletzungen oder Enttäuschungen.

Zunächst einmal: Wenn wir uns gut um uns selbst kümmern, sind wir viel stabiler. Körper und Geist sind in Balance. Wir können uns unser Wohlbefinden wie eine alte Küchenwaage vorstellen. Wir können Stress, Belastung, Pflichten, Kopfweh und Misserfolg gut wegstecken, wenn die andere Seite der Waage vollgepackt ist mit Erholung, gutem Essen und Trinken, Lachen, Naturerlebnissen, Dankbarkeit und so weiter. Wenn jedoch die Belastungsseite immer tiefer rutscht, werden wir empfindlicher, reizbarer, ungeduldiger. Das haben leider die meisten Unternehmen in den letzten Jahren übersehen. Immer weniger Menschen mussten immer mehr Aufgaben übernehmen. »Krisenstimmung« wurde zum Dauerzustand, vergessen wurden Erholung und Ausgleich, mentale Entlastungspausen. Doch auch hier können wir die Dinge selbst in die Hand nehmen. Denn unser Arbeitgeber ist nicht für unser Wohlbefinden zuständig. Er schafft Rahmenbedingungen, die besser oder schlechter sind. Was wir daraus machen und was wir mitmachen, liegt in unserer Hand.

Schreiben Sie sich die Sorgen von der Seele

Haben Sie ein Tagebuch? Wenn nicht, könnten Sie sich vielleicht eines zulegen, denn das Schreiben über belastende Lebensereignisse schützt Ihre Gesundheit. Das Unterdrücken von negativen Gedanken ist harte Arbeit, ist ein Stressfaktor, der krank macht, der das Immunsystem, das Herz und die Biochemie des Gehirns stört.

Wir wissen meist aus Erfahrung, dass das Sprechen oder Schreiben über Belastendes guttut. Doch dafür müssen wir unsere Scham überwinden und vertrauen. Wir sorgen uns, andere Menschen zu sehr zu belasten, bewertet zu werden, oder durch das ständige Wiederholen der Sorgen zu nerven. In einer Welt, in der alle glücklich sein wollen und sollen, ist es schwer, traurig, verletzt oder verzweifelt zu sein.

Stattdessen sagen wir: »Ich muss damit allein klarkommen« oder: »Das mache ich mit mir selbst aus«, und im Ergebnis grübeln wir, drehen uns gedanklich im Kreis, bleiben bei Zweifeln, Selbstvorwürfen oder Unverständnis stehen. So entsteht der Zeigarnik-Effekt – das Phänomen, dass wir Dinge, die nicht abgeschlossen oder verarbeitet sind, ständig gedanklich wiederholen, dass sie uns sozusagen »im Genick sitzen« und wir keine Ruhe finden.

Wenn wir etwas aussprechen oder aufschreiben, bekommt es eine Struktur, die es uns leichter macht, die Situation zu verstehen, zu akzeptieren und Lösungsmöglichkeiten zu finden. Die Emotionen werden besser verarbeitet. Neue Informationen werden integriert und die belastenden Ereignisse dadurch relativiert.

Der amerikanische Psychologe James W. Pennebaker hat eine Schreibtechnik entwickelt, die helfen kann, belastende Ereignisse zu verarbeiten.

Von der Seele schreiben

Geschrieben wird drei bis vier Tage jeweils 20 Minuten, nicht kürzer, aber vor allem auch nicht länger. Stellen Sie einen Wecker und schreiben Sie ohne Unterbrechung, allein und mit der Hand. Sinn, Grammatik und Schönschrift sind unwichtig. Die Notizen werden niemandem gezeigt und auch später nicht noch einmal angesehen. Benennen Sie das Ereignis ganz genau in allen Details. Fühlen und beschreiben Sie außerdem Ihre damit verbundenen Gedanken und Emotionen. Die emotionale Beteiligung beim Schreiben ist wichtig.

Am meisten profitieren Menschen, die oft über ein Trauma nachdenken, aber nicht darüber sprechen. Hilfreich beim Schreiben ist es, sich eine besondere Atmosphäre zu schaffen, sich zum Beispiel einen ungewöhnlichen Platz zu suchen oder im Dunkeln zu schreiben.

James W. Pennebaker berichtet von einer Studie, bei der Männer begleitet wurden, die unerwartet von ihrer Arbeitsstelle entlassen wurden. Einige von ihnen nutzten die Schreibtechnik, um die damit verbundenen Gedanken und Gefühle zu verarbeiten. Im Ergebnis fanden 27 Prozent der Schreibgruppe binnen drei Monaten neue Arbeit und nur 5 Prozent der nicht Schreibenden. Mehrere Monate später hatten 53 Prozent der Schreiber und 18 Prozent der Nichtschreiber Arbeit, bei der gleichen Anzahl von Vorstellungsgesprächen. Woraus resultiert der Unterschied? Das Schreiben hatte negative Gefühle wie Ärger und Aggression reduziert, sodass die Männer bei Bewerbungen anders auftraten.

Keine Medaille ohne zwei Seiten. Das gilt auch für diese Technik. Viele Menschen kommen auch mit schwierigen Lebenssituationen ohne spezielle Techniken klar. Das Schreiben darf das Tun nicht ersetzen. Wenn nur eine intellektuelle und keine reflektierende, emotionale Auseinandersetzung stattfindet, verpufft die Wirkung. Eine längere Analyse verschlimmert das Problem eher. Auch sind es manche Menschen nicht gewohnt, über ihre Gefühle zu reflektieren. Es kommt vor, dass sich die Stimmung kurzfristig verschlechtert; dies kann wenige Stunden bis mehrere Tagen anhalten. Doch die folgenden gesundheitlichen Effekte haben Langzeitwirkung – weil der Stress des Unterdrückens aufhört.

Investieren Sie in Ihre Beziehungen

Kennen Sie noch jemanden, der sagt, er habe keinen Stress im Alltag? Gerade in der Arbeitswelt begegnen wir oft großer Anstrengung zur Bewältigung der Anforderungen. Das kostet mentale Kraft und Disziplin, und diese sind nicht unbeschränkt vorhanden. Wir kommen erschöpft und frustriert nach Hause. Beziehungen scheitern weniger an Langeweile oder mangelnder Liebe als am täglichen Stress. Die Partner ziehen sich zurück oder werden aggressiv, weil einfach alles zu viel ist. Beides ist normal, wenn unser Gehirn im Stressmodus denkt, wir kämpfen ums Überleben. Beides ist absolut kontraproduktiv für die Beziehung.

Das geht auch anders. Sorgen Sie für Ihr Wohlbefinden im Laufe des Tages, dann kostet die Arbeit weniger Kraft und geht leichter und effizienter von der Hand. Nehmen Sie ernst, was Sie längst wissen: Wir arbeiten so gut oder schlecht, wie wir uns fühlen. Im Ergebnis haben Sie abends mehr Kraft, Geduld, Energie und gute Laune.

Sorgen Sie außerdem bewusst für den Erhalt Ihrer Beziehungen, indem Sie sie wichtig nehmen und vor Stress schützen. Der Paarforscher Guy Bodenmann hat untersucht, wie Paare mit Stress umgehen. Er brachte die Partner in Stresssituationen und maß die Körperreaktionen. Er konnte zeigen, dass sich die Teilnehmer umso schneller vom Stress erholten, je mehr Unterstützung und Zuwendung wie Zuhören, Zärtlichkeit oder Aufmunterung sie vom Partner danach erhielten. Um diese Unterstützung zu erhalten, musste die Stresssituation allerdings angesprochen werden. Und zwar mit ihrer belastenden Dimension. Wer sich zum Beispiel schämte und nichts oder nur nüchtern über den Stress berichtete, erntete weder Verständnis noch Zuwendung. Dieses Problem hatten insbesondere ältere Männer. Generell waren allerdings beide Geschlechter in der Lage, über ihre Gefühle in der Stresssituation zu sprechen.

An die Grenzen kommt das System der wechselseitigen Unterstützung, wenn beide Partner Stress haben. Aus dieser Falle entkommen Sie, wenn jeder zunächst die Verantwortung für das eigene Wohlbefinden, dann für die Beziehung übernimmt.

Bauen Sie Ärger und Stress ab, bevor Sie nach Hause

kommen, um dann wieder offen für den anderen zu sein. Falls Sie nun denken, dafür hätten Sie abends keine Zeit, erwähne ich an dieser Stelle gerne die Statistik, dass in Deutschland etwa drei Stunden am Tag ferngesehen wird. Das ist kein Stressabbau, sondern das Gegenteil, und bietet ein Zeitpolster für neue Gewohnheiten.

Das Potenzial unserer Beziehungen wird umso interessanter, wenn man bedenkt, dass allein eine halbe Stunde Streit zwischen Paaren einen solchen Einfluss auf unsere Körperreaktionen hat, dass Heilungsprozesse im Körper doppelt so lange dauern. Denn Streit ist Stress und Stress schwächt das Immunsystem. Das Team um Jan Kiecolt-Glaser an der Ohio State University/USA fand dies in Langzeitstudien heraus und zeigt uns damit, welche ungeahnten Auswirkungen die Art des Umgangs miteinander hat.

Wer starke und glückliche Beziehungen erlebt, nimmt die gute Laune auch zur Arbeit mit – so schließt sich der Kreis. Wer erfolgreich arbeiten möchte, sollte also auch in die privaten Beziehungen investieren.

Glück und Genuss – Reden wir uns die Welt nicht einfach nur schön?

Gern werde ich in Vorträgen gefragt, ob die Welt, vor allem die Arbeitswelt, nicht ganz anders ist, als sie mein Ansatz beschreibt. Ja und nein. Leider und erfreulicherweise erleben wir sie eben genau so, wie wir über sie denken und wie wir uns verhalten. Doch wenn Sie sich nicht auf Ihre eigenen Gefühle verlassen wollen, betrachten wir doch einfach die Forschung:

Sarah Pressman ist Professorin für Psychologie und Sozialverhalten an der Universität von Kalifornien und zeigt uns einen – genussvollen – Weg, wie wir uns und unsere Beziehungen pflegen und dabei Stress abbauen können: Lächeln Sie. Sie fand heraus, dass diejenigen, die auf Schulabschlussfotos lachen, später seltener geschieden wurden und stärkeres Lächeln kardiovaskuläre Erkrankungen reduziert. Wenn wir glücklich sind, sendet das Gehirn automatisch Signale an die Muskeln zum Lächeln. Umgekehrt geht das ebenso: Der Mund sendet Signale an das Gehirn, dass wir glücklich sind, und zwar unabhängig davon, ob wir uns so fühlen oder nur der Mund lächelt. Dabei kommt es nicht auf die Art des Lächelns, also echt, auch mit den Augen, oder unecht, nur mit dem Mund, an. Der Gesundheitseffekt entsteht bei jeder Art von Lächeln. Sogar dann, wenn die Versuchspersonen nicht einmal wussten, dass ihre Aufgaben etwas mit Lächeln zu tun hatten. Sarah Pressman maß, wie lange es dauert, bis sich bei Stress der Herzschlag beruhigt. Dabei waren lächelnde Versuchpersonen sogar neutral schauenden klar überlegen.

Bleiben wir kurz beim Glück. Einer Metaanalyse von Antonella Delle Fave, Professorin für Psychologie an der Universität von Mailand, haben wir einen aktuellen Überblick zum Forschungsstand zum Glück zu verdanken. Glück sagt eine gute Gesundheit von Bevölkerungsgruppen und Einzelpersonen sowie deren Lebenserwartung voraus. Glückliche Menschen haben geringere Raten von chronischem Stress. Dies ist nicht nur einfach eine Art Wunder. Sondern positive Emotionen führen dazu, dass sich Menschen besser anpassen und Probleme bewältigen können. Indem sie sich von ungelösten Problemen distanzieren und Risiken objektiver einschätzen. Positive Emotionen wie Hoffnung führen auch dazu, dass aktiver nach zum Beispiel medizinischen Informationen gesucht wird, Symptome weniger belastend wahrgenommen werden und Behandlungen besser wirken. Der beglückende Blick auf das, was wir schon sind und haben, soll im nächsten Kapitel abgerundet werden mit einem Thema, das wir viel zu selten nutzen: Dankbarkeit.

Dankbarkeit: Glück, das nichts kostet

Irgendwie scheint es so, als ob alles schon einmal da gewesen ist. Die Glücksforschung ermittelt heute wissenschaftlich fundiert die Säulen des Wohlbefindens und entdeckt die klassischen Tugenden wieder. Eine davon, die im Alltag sehr gern unserem Optimierungswahn zum Opfer fällt, ist die Dankbarkeit. Gemeint ist damit nicht das höfliche »Dankeschön« der Enkelin an die Oma, die wieder mal die falsche CD gekauft hat, auch nicht die routinierten »Dankes« und »Bittes« im Geschäftsalltag. Sondern das Bewusstsein dafür, wie gut es das Leben mit uns meint, ein Gefühl, das klar im Herzen zu lokalisieren ist.

Robert Emmons ist einer der führenden Dankbarkeitsforscher und hat die Erkenntnisse der letzten Jahre zusammengeführt. Zwölf nachweisbare Effekte von Dankbarkeit lassen sich im Alltag ermitteln.

Mit Dankbarkeit genießen

Dankbarkeit ist eine Orientierung auf das Gute im Leben. Egal wie viele Schwierigkeiten wir gerade erleben, wir sehen das Schöne und Angenehme im Leben.

- Dankbarkeit verbessert soziale Beziehungen, weil wir erkennen, wie gut es andere Menschen mit uns meinen.
- Wir konzentrieren uns auf die Gegenwart. Das Gehirn

braucht Abwechslung und passt sich ganz schnell an Umstände an. Deshalb nehmen wir die angenehmen Dinge des Lebens viel zu schnell als selbstverständlich hin.

- Wir nehmen aktiver am Leben teil. Wir sind nicht nur distanzierte Beobachter von Aktienkursen, Nachrichtensendungen oder dem Wetterbericht, wir werden zu Beteiligten, die das Leben bewusst gestalten.

- Dankbarkeit verhindert negative Gefühle. Wir können nicht gleichzeitig ärgerlich oder neidisch und dankbar sein.

- Wir werden stressresistenter. Dankbarkeit ermöglicht es uns, schwierige Situationen in einen größeren Rahmen einzuordnen und damit zu relativieren. Dadurch können wir uns auch schnell erholen.

- Positive Gefühle schaffen Distanz. Abstand führt zur neutraleren Betrachtung von Ereignissen, sodass selbst traumatische Ereignisse leichter bewältigt werden.

- Der Selbstwert steigt. Wenn wir wahrnehmen, dass andere Menschen uns Gutes tun, heißt das ja, dass sie in uns investieren. So kann sich auch das eigene Gefühl entwickeln, das Gute wert zu sein.

- Wir finden einen Weg aus der Isolation. Die Wahrnehmung des Guten im Leben oder dessen, was wir durch andere erfahren, lässt uns leichter nach außen und auf andere zugehen.

- Unsere Gesundheit gewinnt. Dankbarkeit stärkt das Immunsystem, Schmerzen werden weniger stark wahrgenommen, der Blutdruck sinkt und der Schlaf verbessert sich.

- Gutes zieht Gutes an. Der dankbare Blick auf die guten Seiten des Lebens führt dazu, dass wir immer mehr davon wahrnehmen und so unser Wohlbefinden immer weiter steigern.

- Dankbare Menschen sind hilfreiche Menschen. Die Freude über das, was uns Gutes widerfährt, erhöht die Bereitschaft, selbst Gutes zu tun.

Dankbarkeit muss trainiert werden. Wir müssen die Problemorientierung unseres Gehirns lösen und die Tendenz vermeiden, Gelungenes am liebsten uns selbst zuzuschreiben. Wir müssen uns Zeit nehmen und uns konzentrieren. Die Praxis der Positiven Psychologie, wie sie zum Beispiel von Rhonda Byrne gelehrt wird, kann uns dabei helfen.

 Genusspraxis:
Dankbarkeit

1. Das tägliche Dankbarkeitstagebuch
Notieren Sie jeden Abend drei Dinge, für die Sie heute dankbar sind und warum.

2. Das wöchentliche Dankbarkeitstagebuch
Notieren Sie am Ende der Woche fünf Dinge, die besonders gut für Sie waren.

3. Das morgendliche Dankbarkeitsritual
Beginnen Sie den Morgen damit, darüber nachzudenken, wofür Sie heute dankbar sind.

4. Der zielorientierte Dankbarkeitsmorgen
Notieren Sie morgens, wofür Sie am Ende des Tages dankbar sein werden. Probleme, die Sie gelöst haben, Ideen, die Sie gefunden haben, gute Nachrichten, die Sie bekommen haben. So richten Sie Ihre Aufmerksamkeit und Ihr Tun auf das positive Ergebnis aus.

5. 100 Schritte der Dankbarkeit

Sagen Sie 100 Schritte lang innerlich »Danke«: irgendwo auf der Straße, beim Sport, beim Gang durchs Büro.

6. Dankbarkeitsrituale

Sammeln Sie den ganzen Tag Münzen, Kaffee- oder Kakaobohnen für jeden schönen Moment und zählen Sie sie abends, eventuell mit der ganzen Familie. Erinnern Sie sich dabei an die guten Momente.

7. Der Dankbarkeitsbrief

Schreiben Sie einem Menschen, der Ihnen viel Gutes getan hat, einen Brief und berichten Sie darüber, was sein Tun für Sie gebracht hat. Verabreden Sie sich und lesen Sie ihn vor.

8. Dankbarkeit für das, was wir geben dürfen

Sehen Sie, was Sie lernen oder wie viel Freude Sie gewinnen, indem Sie für andere da sein können.

9. Schreiben Sie in jeder E-Mail einmal »danke«.

Finden Sie etwas, wofür Sie das ehrlich sagen können. Besonders dann, wenn es eine kritische Situation gibt. Sie können sich dafür bedanken, dass sich jemand Zeit genommen hat, dass jemand ehrlich war, dass jemand an Sie denkt und so weiter.

10. Feiern Sie das gute Leben.

Feiern Sie auch kleine Begebenheiten, für die Sie dankbar sind. So verstärken Sie die Wirkung.

Lassen Sie sich Ihre Arbeit schmecken

Ich möchte so gern ein Buch schreiben. Ich habe den Titel, die Idee, den Inhalt im Kopf und schon lange dazu recherchiert. Ich schreibe gern und meist leicht, ich genieße es, Gedanken so zu formulieren, dass sie anderen Menschen etwas nützen. Mein Ziel ist es, schwere Kost so zu erklären, dass es Spaß macht, sich damit zu befassen, und dass man die Ideen unkompliziert umsetzen kann. Ich bin also hoch motiviert.

Kann mich etwas aufhalten? Ja. Ich habe noch keinen Verlag. Wir sind im Jahr 2012 und der Buchmarkt ist im Umbruch. Das Internet nimmt viele Kunden weg. Der Buchhandel macht Druck auf die Verlage. Sie bauen die Anzahl der produzierten Titel ab. Ich habe mein Konzept bei einigen Verlagen eingereicht und keine oder negative Antworten bekommen. Was tun? Abwarten, bis sich doch noch ein Verlag meldet? Noch mehr Verlage anschreiben? Es macht ja nicht so richtig Spaß zu schreiben, wenn man noch nicht weiß, für wen und in welchem Format.

Ich raffe mich auf. Tue das, was mir wichtig ist, jetzt. Nicht erst, wenn alles stimmt und perfekt ist. Ich schreibe. Ich verbessere das Konzept, nutze Testleser und stelle das Buch fast fertig, als mir eine Kollegin die Tür zu einem neuen Verlag öffnet. Der bringt gerade mit viel Engagement eine neue Reihe heraus. Was fehlt, ist die Psychologie. Mein Buch. Meine Idee. Ich bin zur richtigen Zeit am richtigen Ort, und weil das Buch geschrieben war, halte ich es ein Jahr später gedruckt in den Händen. Nach wenigen Wochen ist es ein Bestseller. Ich habe mich überwinden können, einfach etwas zu tun, statt abzuwarten – und was für eine Belohnung habe ich bekommen!

»Es könnte alles so viel einfacher sein, wenn ...«

... es nur beim Alten bliebe. Kaum jemand, der nicht öfter einmal an die guten alten Zeiten zurückdenkt. Doch es ist ein ganz typisches Merkmal der heutigen Lebensumstände, dass sie sich verändern. Ein Irrtum ist, dass nur uns das trifft.

Denken wir einmal zurück an unsere Groß- und Urgroß-eltern. Die ersten Eisenbahnen wurden als gefährliche Monster abgelehnt. Die ersten Autos, Elektrizität, Telefon, Fernsehen, Industrialisierung, der Umzug der Landarbeiter in die Städte. Das soll alles ganz einfach gewesen sein? Ich glaube kaum. Wahrscheinlich haben die Menschen damals genauso gestöhnt wie wir heute.

Ich habe noch kein Unternehmen erlebt, in dem die Mit-arbeiter sich nicht danach sehnten, dass alles so bleibt. Die Mitarbeiter von städtischen Verwaltungen müssen heute plötzlich Fremdsprachen sprechen, Postmitarbeiter tragen keine Briefe, sondern schwere Pakete aus, die Arbeitszeiten verändern sich überall, mitdenken und Verantwortung übernehmen sollen sowieso alle. Interessant ist, dass wir mit zweierlei Maß messen. Bleiben wir einfach einmal bei der Post. Viele von uns genießen es, im Internet zu bestellen, Kleidung zu Hause zu probieren und den Großteil davon zurückzusenden. Ist doch klar, dass wir so mehr Pakete pro-duzieren. Natürlich wollen wir diese nach Hause gebracht bekommen und ärgern uns, wenn wir sie abholen müssen. Am besten also, der Postbote kommt, wenn wir da sind, also nach unserer Arbeit oder am Samstag. Genauso bekommen wir im Büro das Papier oder die Bücher angeliefert und kümmern uns überhaupt nicht darum, wer sie die Treppe hochschleppt. Service ist selbstverständlich – wenn es um uns geht.

Ganz anders sähe es aus, wenn wir selbst plötzlich statt bis 16 Uhr bis 18 Uhr arbeiten sollten oder 30-Kilo-Pakete schleppen müssten. Dann würden wir unseren Unternehmen vorwerfen, dass sich die Dinge ändern – und dabei nicht bedenken, dass dies eine Reaktion der Unternehmen auf einen sich ändernden Markt ist und nicht einfach nur so eine Idee.

Ähnlich sähe es aus, wenn unsere Firma umzieht. Haben Sie bislang in der Nähe Ihres Wohnortes gearbeitet, sollen Sie nun plötzlich zwei Mal 60 Minuten fahren. Ungerecht? Ich fürchte, das ist keine Kategorie, in der solche Entscheidungen gemessen werden können. Sollen Sie alles klaglos hinnehmen? Keineswegs. Wir haben hier ein großartiges Beispiel, an dem wir das »Prinzip Jetzt« erörtern können.

Zunächst einmal werden solche Entscheidungen meist langfristig angekündigt. Das hat den Vorteil, dass sich die Mitarbeiter überlegen können, wie sie reagieren wollen. Dass neue Lösungen gesucht werden können. Der Nachteil ist, dass wir uns umfassend und schier endlos über etwas aufregen, was noch gar nicht da ist. Sie sitzen noch im alten Büro und klagen schon darüber, wie schrecklich der Fahrtweg sein wird. Vielleicht, vielleicht auch nicht. In jedem Fall verpassen Sie den Moment. Jetzt ist alles noch wie bisher, in Ordnung, bequem, wie immer. Doch Sie können es schon nicht mehr genießen.

Genauso ist es rückwirkend. Sie sind mit der Firma umgezogen und haben eine Fahrgemeinschaft gebildet, alles hat sich eingespielt. Trotzdem erzählen Sie Ihren Freunden und Bekannten immer und immer wieder, wie belastend es ist, dass Sie jetzt so weit fahren müssen, was für eine Zumutung … Auch hier verlieren Sie wieder den Moment. Der anders ist. Daran müssen Sie sich natürlich gewöhnen. Denken wir noch einmal daran, dass das Gehirn etwa 30 Tage bis drei Monate benötigt, um Neues als vertraut zu erleben, dass es sich bevorzugt auf Negatives konzentriert. Aber denken wir auch daran, dass sich das Wohlbefinden nach etwa einem Jahr auch nach großen negativen Veränderungen wieder auf das alte Niveau einpendelt.

Sie können die Anpassung beschleunigen, indem Sie sich klar entscheiden. Innere Zerrissenheit kostet Kraft. Wenn wir nicht wissen, was wir wollen, oder wenn wir uns nicht trauen, was wir wollen, verschwenden wir Energie und Lebensfreude. Denn es sind immer wir, die die Entscheidungen treffen.

Die Kunst der leckeren Entscheidung

Wie viele Entscheidungen haben Sie heute wohl getroffen? Zwei oder drei? Vielleicht denken Sie sogar, heute gab es nichts zu entscheiden. Sie haben ja weder eine Urlaubsreise gebucht noch einen neuen Anzug gekauft.

Dann lassen Sie uns doch den Tag mal ansehen. Wann sind Sie aufgestanden, haben Sie gefrühstückt oder nicht, was tragen Sie? Haben Sie jemanden angerufen, Zeitung gelesen, das Radio angestellt, Vitamintabletten eingenommen? Dies alles sind die vielen kleinen Entscheidungen des Alltags, die wir wenig aufmerksam treffen. Noch interessanter werden Entscheidungen, von denen wir glauben, wir träfen Sie gar nicht, oder an die wir uns nicht mehr erinnern.

Irgendwann haben Sie sich für genau diesen Partner oder für das Alleinsein entschieden, für diesen Job oder diese Ausbildung. Sie haben Entscheidungen getroffen, die heute Ihre Fitness, Ihre Attraktivität, Ihren Charme, Ihre Gesundheit prägen. Wir vergessen gar zu gern, dass für ein Ergebnis viele, viele kleine Bausteine eine Rolle spielen. Und dass wir immer eine Wahl haben.

Oft fürchten wir die Konsequenzen unserer Entscheidungen, meinen aber, es ginge nicht anders. Es kann gut sein, dass »es sich gehört«, kranke Angehörige zu pflegen. Die Entscheidung treffen trotzdem Sie. Sie haben ganz viel Stress und keine Zeit zum Kochen und Einkaufen? Das entscheiden auch Sie.

Und dann gibt es da noch die völlig unbewusst ablaufenden Entscheidungen. Ihr Herzschlag oder Ihr Atem, die Magenentleerung oder die Körpertemperatur. Das Unterbewusstsein trifft sie mit wunderbarer Regelmäßigkeit, wofür wir sehr dankbar sein können. Erst wenn ein Fehler auftritt, den wir registrieren, weil wir plötzlich Beschwerden haben, wenn das Herz jagt oder die Körpertemperatur steigt, merken wir, dass eine falsche Entscheidung getroffen wurde. Denn diese »Körperentscheidungen« sind Folgen anderer Entscheidungen, über die wir zu wenig nachdenken. Weil wir durch das Leben rennen, statt sorgsam mit uns zu sein, die Nase voll haben und trotzdem keine Auszeit nehmen, uns unter Druck setzen, den Kopf zerbrechen, Ärger nicht verdauen oder sauer sind. Unsere Sprache weist oft schon die Richtung. Doch wir schauen zu ungern hin.

Oft wird gesagt, dass Krankheiten ihren Sinn haben. Das wird von den Betroffenen verständlicherweise meist anders gesehen. Bemerkenswert ist in jedem Fall, was alles möglich wird, wenn wir krank sind. Plötzlich essen wir bewusst und regelmäßig, schlafen, machen Pausen, denken über uns nach. Wir investieren in Kurse und Produkte – und hätten das alles vorher viel preiswerter haben können.

Entscheiden Sie sich künftig doch einfach bewusster. Orientieren Sie sich an dem, was Ihnen guttut. Nehmen Sie sich häufiger vor einer Entscheidung Zeit. Dann müssen Sie später weniger Zeit investieren, um die Ergebnisse unüberlegter oder unbewusster Entscheidungen auszumerzen.

Sie kennen sicher den schönen Spruch: Eine Situation kann akzeptiert, verändert oder verlassen werden.

Genau so ist es.

Wenn wir den Umzug unseres Unternehmens akzeptieren, dann sollten wir aufhören uns darüber zu ärgern. Wir haben uns ja dafür entschieden mitzugehen und wir haben mit Sicherheit Angebote erhalten, die uns den Umzug versüßen. Wenn wir noch unsicher sind, sollten wir aktiv weitere Varianten für die neue Situation prüfen, nachfragen, was geht, uns einbringen. Das Wichtigste dabei ist, dass wir uns fragen, was wir genau wollen, was optimale Arbeitsbedingungen für uns sind.

Ist es wirklich der neue Arbeitsweg, der uns total nervt, oder gab es vorher schon Unzufriedenheit mit der Arbeitssituation? Dann kann der Arbeitgeber anbieten, was er will, wir werden nie zufrieden sein, weil es um etwas ganz anderes geht. Es könnte sogar sein, dass der Umzug in eine Phase unseres Lebens fällt, in der wir eine Trennung hinter uns haben oder in der Familie die Stimmung angespannt ist. Dann sind wir sowieso schlecht drauf und keiner kann es uns recht machen. Der Umzug ist dann ein willkommener Anlass, unserem Unmut einen äußeren Faktor zuzuschreiben.

Die Konsequenzen sind uns selten bewusst. Eine Untersuchung von 2013 hat ergeben, dass Trübsinn kurzsichtig macht. Die Versuchspersonen bekamen verschiedene Geldbeträge angeboten. 25 Euro gleich oder 85 Euro in einigen Wochen. Zuvor sah eine Gruppe Filme, die sie in eine traurige Stimmung versetzten, während die andere keinen Film sah. Das Ergebnis: Trübsinn begünstigte irrationales Handeln, also den Griff zur schnellen, schlechten Belohnung.

Was aber, wenn wir mit der aktuellen Arbeit nicht so richtig zufrieden sind, sie aber andererseits auch nicht lassen wollen? In der Positiven Psychologie wird in solchen

Fällen das sogenannte *Job Crafting*, also die Modifizierung der aktuellen Arbeit empfohlen. Zum Beispiel könnte man Anzahl, Umfang oder Art der Arbeitsaufgaben ändern oder die Anzahl und Art der Interaktionen mit anderen. Finden Sie alte oder neue Motive, einen Sinn für das, was Sie tun. Dadurch ändern Sie Ihre Perspektiven und können die alte Arbeit neu bewerten und erleben. Das ist völlig unabhängig von Ihrem Unternehmen. Was Sie dazu brauchen, ist jedoch Zeit zum Nachdenken.

Die Positive Psychologie ist nicht einfach ein weiteres Hilfsmittel in der Werkzeugkiste Ihres Selbstcoachings, sondern eine Haltung zum Leben und zur Arbeit. Sie hilft, das Beste aus einer Situation zu machen. Eine positive Grundhaltung versüßt nicht nur den Tag, sondern erweitert auch die Perspektiven. Barbara Fredrickson hat dies in ihrer Theorie über Emotionen nachgewiesen. Optimismus, Neugier, Lebensfreude erweitern die Perspektive und ermöglichen Wachstum. Glückliche Menschen nutzen und entwickeln ihre sozialen und persönlichen Ressourcen, sind kreativer, motivierter, hilfsbereiter, sozialer, energievoller. Glück ist wie ein Perpetuum Mobile. Das ist genau das, was Sie in wichtigen Entscheidungssituationen im Leben benötigen.

Zurück zu dem Fall, dass Sie die Situation nicht akzeptieren, sondern verändern wollen. Fairness ist gefragt. Und Selbsterkenntnis. Wenn wir genau wissen, was wir wollen, dann können wir es kommunizieren. Oft ist es jedoch so, dass wir besser wissen, was wir nicht wollen. Dann können die anderen nur raten und es wird eine allgemeine Unzufriedenheit herrschen.

Wenn wir die neuen Bedingungen inakzeptabel finden, sollten wir dazu stehen und gehen. Ja, ich kenne die Bedenken, die jetzt kommen, denn in unserer Arbeitskultur wird die Veränderung eines Arbeitsplatzes eher als Bedrohung denn als Chance gesehen. Überall macht man uns Angst, wir seien zu alt, zu ungebildet, zu unflexibel und was noch alles, und wir glauben das auch noch selbst. Dabei herrscht in vielen Branchen schon absoluter Fachkräftemangel. Maschinenbau und Bahn versuchen, Vorruheständler zur Rückkehr zu bewegen. Es fehlen gute Leute, und die Zeiten, in denen Unternehmen 50-Jährige mit süßen Abfindungen nach Hause schickten, sind bald vorbei.

Erkennen Sie Ihre Stärken

Ein Schwerpunkt der Positiven Psychologie ist die Beschäftigung mit Charakterstärken. Diese können eingeteilt werden in Stärken des Herzens wie Liebe, Freundlichkeit oder soziale Intelligenz, Stärken des Geistes wie Fairness und Kreativität, selbstbezogene wie Neugier, Hoffnung oder auf andere bezogene wie Vergebung und Authentizität.

Für alles, was Sie erreichen wollen, ist es interessant, Ihre Stärken zu kennen und sie angemessen einzusetzen. Es gibt verschiedene Stärkenklassifikationen. Einen wissenschaftlichen Fragebogen finden Sie hier: www.charakterstaerken. org. Gerade in Veränderungssituationen in Unternehmen werden Optimismus oder Vertrauen in die Zukunft benötigt. Die gute Nachricht ist, dass man mit diesen Stärken sogar noch andere anstecken und so für eine bessere Stimmung im Unternehmen sorgen kann. Manchen ist es eher unangenehm, über ihre Stärken zu sprechen, es ist ungewohnt. Diese Fähigkeit kann aber erlernt werden. Wenn Sie ein Team oder eine Abteilung leiten, können Sie für eine Atmosphäre sorgen, in der positives Feedback oder die Nutzung von Stärken selbstverständlich sind.

Ich bin mir absolut sicher: Wer seine Arbeit sehr gut und mit Engagement macht, wird sie nicht verlieren. Und wenn, dann ist das ja gar kein Problem, denn die nächste, eventuell sogar bessere Möglichkeit wartet schon.

Es wird genau das geschehen, was wir erwarten oder befürchten. Lassen wir die Angst hinter uns und besinnen wir uns in diesem Fall auf unsere Talente und Stärken. Viele Unternehmen bieten sogar sogenannte »Outplacementberatungen« an, bei denen Sie Unterstützung für eine neue Orientierung bekommen.

Am besten ist es natürlich, wenn Sie selbst die Zügel Ihres Lebens in der Hand haben, immer einmal wieder prüfen, wo Sie stehen und wohin Sie wollen, und Ihre Entscheidungen treffen, aktiv und nicht reaktiv. Hier kommen drei Schritte, die Ihnen dabei helfen.

1. Prüfen Sie Alternativen und Konsequenzen.
Überlegen Sie genau, was Sie im Leben, im Beruf, zu Hause erreichen wollen, welche Varianten es gibt, welchen Preis Sie dafür zahlen müssen (Ausbildungen, anderer Wohnort, mehr Zeiteinsatz, weniger Geld) und ob die Entscheidung zu Ihrem Lebenskonzept passt.

2. Prüfen Sie mit dem Herzen, der Intuition.
Sind Sie auf dem richtigen Weg? Sie fühlen es genau. Der Körper gibt immer klare Signale, wir müssen nur hinhören. Schmetterlinge im Bauch sind ein Muss für gute Entscheidungen.

3. Sagen Sie »Ja« oder »Nein« statt »Vielleicht« und »Ich versuche es einmal«. Sie werden sich konsequenter verhalten.

Das alles kann man lernen, und je geübter Sie sind, umso schneller wird es in der täglichen Anwendung gehen.

Glücklich denken – ich bin mir sicher, Sie wissen aus eigener Erfahrung, wie das geht, Sie wenden es nur zu wenig an. Weil uns andere Gewohnheiten, schlechte Vorbilder oder schlicht mangelnde Selbstdisziplin davon abhalten.

Glückliche Menschen ergehen sich weniger in – vor allem negativen – Selbstreflexionen und sie stellen weniger Vergleiche mit anderen an, die zu den eigenen Ungunsten ausfallen. Sie nehmen gute Ereignisse wirklich wahr und wissen, dass sie sich für ihren Erfolg selbst verantwortlich fühlen dürfen.

Unsere Denkstile werden gelernt, gefestigt und so zur Gewohnheit. Was verhindert glückliches Denken? Perfektionismus zum Beispiel. Zu hohe Ansprüche sind nur ein innerer Standard für unsere Bewertung und können, einmal erkannt, verändert werden. Perfektionisten stehen sich selbst im Weg, indem sie nicht nur Erfolg, sondern Perfektion wollen. Gut ist nicht gut genug.

Weitere Hindernisse sind Schwarz-Weiß-Denken, mangelnde Wertschätzung für die kleinen Dinge und Selbstzweifel. Teilerfolge, Dranbleiben, kleine Schritte werden dann übersehen. Das Leben liefert jedoch viel öfter Nuancen als Schwarz oder Weiß.

Wir Menschen unterschätzen überdies permanent unsere Fähigkeit, die Schwierigkeiten des Lebens zu meistern. Dabei haben wir alle schon so viel durchgestanden. Vom ersten Liebeskummer, bei dem uns völlig klar war, wir werden uns davon nie erholen, über Zahnoperationen, Unfälle, den Verlust von lieben Menschen oder Enttäuschungen.

Überdenken Sie dabei auch einmal Ihren Glücksanspruch. Gerade in Bezug auf die Arbeit. Glückliches Denken ist eine bewusste Anstrengung, das Gute zu sehen, die Augen für das

Positive im Leben zu öffnen. Denn ob wir hin- oder weg-schauen, abwerten oder genießen, ist unsere Entscheidung.

Positive Erinnerungen helfen bei Zweifeln an der eigenen Fähigkeit, eine schwierige Situation zu meistern. Das Genie-ßen eines Erfolges oder eines schönen Ereignisses bringt Optimismus, künftig Ähnliches zu erleben. Der Genussmo-ment kann verlängert werden über Tage, Wochen, Monate. Der Genuss ist umso intensiver, je mehr Zeit wir uns neh-men, im Genuss »baden« und dankbar dafür sind.

Schluss mit dem Grübelübel

Glück hat eine emotionale Komponente, nämlich die Ge-fühle, und eine kognitive, die Zufriedenheit. Es ist also die Summe der guten Gefühle plus die Bewertung, wie befriedi-gend diese sind. Es ist wichtig zu betonen, dass Glück selten unglaublich intensiv und ekstatisch ist. Oft fühlt es sich ein-fach nur angenehm an.

Zum Glück gehören drei Bausteine: 1. Die Prozesse unse-res Denkstils. Diese sind meist unbewusst. 2. Lebensbedin-gungen wie das Einkommen oder die Umwelt, die wir nur bedingt beeinflussen können. 3. Entscheidungen: Welchen Ereignissen schenken wir unsere Aufmerksamkeit?

Die meisten Menschen sind in der Metaanalyse zahlrei-cher Studien tendenziell glücklich, merken es aber oft nicht, weil sich andere Gedanken und Gefühle in den Vorder-grund schieben.

Zu viele Menschen verbringen zu viel Zeit mit dem Grü-beln über vergangene Ereignisse und der Sorge um die Zu-kunft. Es scheint so, als ob dies gar nicht anders sein kann, da wir es nicht mehr anders kennen. Ich möchte Ihnen ei-nige Ideen vorstellen, wie Sie dies ändern können, wenn Sie das wollen. Zunächst einmal sollten Sie eine Entscheidung dazu treffen. Nämlich, dass Sie künftig Ihre Gedanken im Griff haben und nicht umgekehrt.

Unsere Haltung zur Vergangenheit bestimmt unser Wohlbefinden in der Gegenwart in größerem Maß als die Erwartungen für die Zukunft. Wir rechnen unsere Vergangenheit hoch und die daraus abgeleiteten Erwartungen bestimmen unser Verhalten in der Gegenwart. Erwartungsgemäß sind Menschen mit negativem Vergangenheitsbild weniger zufrieden. Das ist gut nachzuvollziehen. Wenn Sie bei vergangenen Bewerbungsgesprächen immer so aufgeregt waren, dass Sie sich selbst nicht gut präsentieren konnten, werden Sie das auch für das nächste befürchten. Dann schlafen Sie vor lauter Aufregung schlecht und die Nerven liegen am nächsten Tag blank.

Steuern Sie lieber Ihre Gedanken, wiederholen Sie vergangene positive Erfahrungen. Erinnern Sie sich bewusst an Einzelheiten und freuen Sie sich in der Erinnerung an dem Gelungenen.

Sie können negative Denkmuster durch ein anderes Bezugssystem (»Was hat es langfristig Gutes gebracht?«, »Es hätte schlimmer kommen können«) sowie durch Vergebung durchbrechen. Oder noch simpler: Zählen Sie positive Ereignisse der Vergangenheit, um Dankbarkeit zu entwickeln. Dankbarkeit verhindert jedes negative Gedankenkreisen.

Nicht ein Ereignis an sich bestimmt unser Wohlbefinden, sondern die emotionale Erfahrung, die mit dem Ereignis verbunden ist. Das heißt, wenn Sie eine neue, tolle Arbeit haben, macht es einen Unterschied, ob Sie denken: »Wow, jetzt fängt das Leben nach meinen Wünschen an!« oder: »Ohne einen Partner, mit dem ich das Leben genießen kann, ist es doch nichts wert.« Dasselbe Ereignis wird für jeden von uns eine andere Bedeutung haben. Genau dort liegt unsere Chance zu trainieren, beide Seiten der Medaille zu sehen beziehungsweise durch einen optimistischen Blick auf jede Situation besser denken und damit handeln zu können.

Genusspraxis: Negative Gedanken umwandeln

1. Überprüfen Sie die Tatsachen.
Was ist wirklich geschehen? Was ist Ihre Interpretation oder Spekulation? Ihr Kunde hat sich für ein anderes Angebot entschieden. Dass Sie teurer waren als die anderen, ist eine Tatsache. Dass Sie die nächsten Jahre nicht genug Arbeit haben werden, Spekulation.

2. Konzentrieren Sie sich auf andere Aspekte der Situation.
Indem Sie Ihrem Preismodell treu bleiben, riskieren Sie keinen Ärger mit anderen Kunden.

3. Machen Sie sich bewusst, dass Sie grübeln.
Wenn Sie sich in negativen Gedankenkreisen drehen, treten Sie mit einem inneren »Stopp« auf die Bremse.

4. Lenken Sie sich ab.
Zum Beispiel mit Gedankenspielen oder der Planung des nächsten Geburtstages.

5. Lesen Sie Witze.
Sobald Sie lachen, löst sich der Gedankenkrampf.

6. Machen Sie sich klar, dass Sie nur denken.
Schieben Sie zwischen jeden Gedanken innerlich ein »Ich denke«. Also: »Ich denke, meine Abteilung wird von der Umstrukturierung betroffen sein«, »Ich denke, ich werde mein schönes Büro verlieren«, »Ich denke, mein Chef kann mich nicht leiden.«

7. Beobachten Sie Ihren Körper.

Er ist immer im Hier und Jetzt. Fassen Sie ihn an. Fühlen Sie Ihre linke kleine Zehe. Was nehmen Sie wahr? Kälte, Enge, wie ist die Größe, das Befinden? Sie werden für kleine Augenblicke aus dem Grübeln herauskommen. Konzentrieren Sie sich auf Ihren Atem, er kommt und geht von allein, alles ist gut.

8. Pflegen Sie Ihr Gehirn.

Halten Sie sich fern von negativen Menschen, Klatsch, Tratsch und negativen Berichterstattungen. Sie können die investierte Zeit dafür immer selbst bestimmen.

Glücksbremser im Arbeitsumfeld

Gerade auch im Berufsleben stehen wir unserem Glück allzu oft selbst im Weg. Wenn wir bestimmte psychologische »Denkfallen« vermeiden, können wir unser Wohlbefinden im Job deutlich steigern. Im Folgenden beschreibe ich die häufigsten Glückskiller im Alltag.

Der Bestätigungsirrtum

Im Laufe unseres Lebens entwickeln wir unzählige Denkmuster aus Annahmen, Regeln und Erwartungen, die wir zunächst von unserer Familie und dem engsten Umfeld, dann von Freunden, Schule und Arbeit übernehmen. Dies geschieht ohne Bewusstsein, wir stellen es vor allem in den ersten Lebensjahren nie infrage. Wie sollten wir auch, wir sind ja von unserem Umfeld abhängig! Aus den Mustern werden feste Denkstrukturen, die unsere Wahrnehmung prägen.

Der Bestätigungsirrtum besagt, dass unser Gehirn konsequent alles bei der Verarbeitung von Informationen herausfiltert, das nicht zu unserem Denken passt. Das Gehirn arbeitet höchst effizient und sucht sich aus Tausenden Informationen, die zur Verfügung stehen, diejenigen aus, die zu unserer Gedankenwelt passen. Das geht dann so:

»Mein Chef mag mich nicht. Ich weiß es genau. Er grüßt nicht und lächelt nie. Heute erst hat er ein Gespräch unterbrochen, als ich zur Tür hereinkam. Wahrscheinlich hat er über mich geredet.« Wir ärgern uns, sehen verärgert aus, verhalten uns verärgert und gehen auf Abstand, wodurch auch der Chef auf Abstand gehen wird. Das nehmen wir wahr und bestätigen damit unsere Meinung. So geht es weiter und weiter. Was hören wir, wenn Kollegen oder Kunden über den Chef sprechen? Genau das, was passt. Andere Meinungen ignorieren wir. Das Foto von der Weihnachtsfeier? Ein klarer Beweis, dass der Chef auch lächeln kann und es nur bei mir nicht tut.

Trainieren Sie sich darin, immer nach Gegenargumenten zu fragen und sich klarzumachen, dass es andere Sichtweisen gibt, die genauso richtig sind wie Ihre. Meist sind die tatsächlichen Hintergründe ganz andere. Der Chef hat Zahnschmerzen oder Sorgen mit den Kindern. Oder das Gespräch, das vor der Begegnung mit Ihnen stattgefunden hat, war anstrengend. Also: Raus aus dem Bestätigungsirrtum, dann ist der Chef gleich viel netter!

Vergleiche killen das Wohlbefinden

Dass früher scheinbar »alles besser war«, ist ein gut bekanntes Phänomen. Dies betrifft natürlich auch unsere Beziehungen, egal ob zum Partner oder zum Chef. Schuld an diesem Gefühl ist, dass sich unser Gehirn an alles gewöhnt. Der

Botenstoff Dopamin, der uns entspannt und glücklich sein lässt, nutzt sich schnell ab. Dann nehmen wir glückliche Umstände nicht mehr als solche, sondern als selbstverständlich wahr. Egal was Sie verdienen, es wird dann nicht mehr genug sein. Egal wie abwechslungsreich Ihre Arbeit ist, Sie werden es nicht mehr sehen. Über den ersten Weihnachtsbrief vom Chef haben Sie sich noch gefreut, in den nächsten Jahren gähnen Sie nur noch müde.

Rückblickend meinen wir gern, dass es früher leichter war, Kunden zu gewinnen, Versicherungen zu verkaufen, Sprachen zu lernen. Das kann sein, muss aber nicht. Es hängt von unserer Sichtweise und unserem Verhalten ab. Wenn Sie glauben, dass es mit vierzig schwerer ist, eine Fremdsprache zu lernen, wird das auch so sein. Sie erwarten die Anstrengung, damit entwickeln Sie negative Gefühle und diese führen zu einer eingeschränkten Kapazität des Gehirns. So beweisen Sie sich, dass Sie recht hatten. Wahrscheinlich hatten Sie früher nicht so viele Zweifel bei dem, was Sie taten, haben einfach losgelegt und Kunden angesprochen. Bis etwas danebengegangen ist oder der Seniorpartner Sie zu einem Kunden begleitete und sich ständig eingemischt hat. Oder Sie sich vom Klagen im Unternehmen haben anstecken lassen.

Wenn Sie »bessere« Zeiten oder gesellschaftliche Ideale als Vergleichsmaßstab nehmen, können Sie nur verlieren. Denn die Art, wie wir vergleichen, muss uns unglücklich machen. Wir schauen nicht zur Seite und zum Durchschnitt und merken, wie gesund, fit, glücklich, attraktiv wir gerade im Verhältnis dazu sind. Wir schauen erst recht nicht nach hinten und bemerken, wie viel Geld und Lernpotenzial wir im Weltmaßstab haben, wie sicher wir leben und wie gut unser Schulsystem bei aller Kritik ist. Wir schauen nach vorn, auf computeranimierte Einzelfälle, und da findet sich immer jemand, der schlauer, schicker, geduldiger oder netter ist als wir. Und schon ist sie da, die Unzufriedenheit.

Der Halo-Effekt

Der Halo-Effekt beschreibt das Phänomen, dass eine herausragende Eigenschaft auf die Wahrnehmung anderer abfärbt. Der neue Chef ist sehr genau und fragt immer nach. »Buchhaltertypen« können Sie gar nicht leiden und so wird er keine Chance bei Ihnen haben. Auch Eigenschaften, die Sie an einer anderen Person eventuell mögen würden, werden Sie zu seinem Nachteil auslegen. Ist er zuverlässig oder pingelig, ist er ordentlich oder übergenau? So, wie Sie ihn einmal eingeordnet haben, werden Sie alles für oder gegen ihn interpretieren. Nur wenn Sie sich Ihre Voreingenommenheit und Vorurteile bewusst machen, haben andere die Chance, neue Punkte bei Ihnen zu machen und aus den alten Schubladen herauszukommen.

Genusspausen nicht schwänzen

Wenn Ihre Pause ein Mensch wäre, würde sie Ihnen sicher gerne einmal sagen, dass Sie ihr viel zu oft einen Korb geben. Sie hetzen von Termin zu Termin, die Arbeit türmt sich, Sie fühlen sich ständig unter Druck und von äußeren Umständen getrieben. Abends stellen Sie dann fest, dass Sie sogar vergessen haben zu trinken und statt eines Mittagessens die Gummibärchen aus der Schublade verschwunden sind. Meist denken wir, Pausen rauben uns Zeit und wir kommen ohne sie aus. Weit gefehlt.

Wir brauchen Pausen. Für den Geist und für den Körper. Genießen Sie für einen Moment. Tanken Sie frische Luft und Licht, essen und schmecken Sie etwas, was Ihnen

Freude bereitet. Dann kommen Sie an den Arbeitsplatz zurück mit einem Lächeln im Gesicht, das sich in der Umgebung ausbreitet und zu Ihnen zurückkehrt. Sie finden einen Abstand zu den Dingen, die auf Sie warten. Sie haben Stress abgebaut, denn das Entspannungshormon Serotonin ist aktiv. Der Blutzucker ist konstant und verhindert Heißhunger und Appetit auf Süßes. Die Forschung zeigt, dass Sie viel leistungsfähiger und gelassener sind und schneller neue Lösungen finden. Übrigens beugen Sie auch gleich lästigem Bauchfett vor, das entsteht, wenn Sie zu viel Stress haben.

Gesunde, glückliche und erfolgreiche Menschen bestimmen ihr Leben selbst, gehetzte versuchen es zu managen, laufen der Zeit hinterher. Machen Sie regelmäßig Pausen. Dann fällt es Ihnen – und auch Kunden und Kollegen – leichter, diese zu akzeptieren. Etablieren Sie Rituale: zum Beispiel eine Tasse Tee mit etwas dunkler Schokolade am Nachmittag.

Eine Pause ist Zeit für Erholung, Verlangsamung, Entspannung, Technikabstand, Besinnung, Kreativität, Neustart, Stressabbau, Lächeln, Bewegung, Selbstfürsorge ...

Schreiben Sie eine Liste von Dingen, die Ihnen sofort guttun. Denn wenn wir im Stress oder negativen Gefühlen gefangen sind, fällt uns oft nicht einmal ein, was uns guttut, so angespannt sind wir. Nutzen Sie diese Notfallliste für Ihre Pausen. Ändern Sie Ihre Sitzhaltung oder die Art Ihres Tuns, lüften Sie, erzählen Sie Witze oder sehen Sie sich lustige Bilder an. Essen Sie ein Stück Schokolade, machen Sie Atemübungen oder riechen Sie etwas Leckeres wie eine Vanillekerze. Und halten Sie sich immer mal wieder von der Technik fern.

Im Takt von Smartphone und Internet heißt: Nicht im Takt des Menschen

Wir leben in einem Zeitalter der Technik. Viele der modernen Errungenschaften machen uns das Leben leichter und vielseitiger, nehmen uns Arbeit ab und schenken uns Freiräume, weil wir zeit- und ortsunabhängig werden. Eine tolle Sache also – oder?

Sehen wir uns die Menschen beim Umgang mit den neuen Medien einmal genauer an. Ich frühstücke häufig in Hotels. Dann zeigt sich mir regelmäßig das gleiche Bild. In den meisten Restaurants läuft ein Fernseher. Wussten Sie, dass Sie es gar nicht schaffen können, nicht hinzusehen? Unser Gehirn zeigt eine Orientierungsreaktion, wenn sich in unserem Gesichtsfeld etwas bewegt. Die Frühstücksgäste schlingen ihr Essen ohne es zu schmecken in sich hinein. Auf einem Tisch mit vier Gästen liegen vier Handys, mit denen ständig gearbeitet wird. Morgens, egal zu welcher Zeit. Ob wohl alle in der internationalen Import-Exportbranche arbeiten, wo man Termingeschäfte macht und durch die Zeitverschiebung andere Arbeitszeiten hat? Sind das alles Politiker, die mit ihrem Krisenberater in Verbindung stehen, weil eine Vertrauensfrage läuft? Ganz sicher nicht. Ich fürchte, es sind Menschen, die sich des Diktates ihres Telefons gar nicht bewusst sind, und die Entzugserscheinungen bekommen würden, wenn sie es abgeben müssten. Auch die letzte Chance zur Rechtfertigung dieses Frühstücksverhaltens greift nicht: Sehe ich ein Lächeln, entspannte, glückliche Gesichter, weil gerade eine Liebesbotschaft oder ein »Guten Morgen« des Jüngsten angekommen ist? Leider nein, ich schaue in abgehetzte Gesichter voll Anspannung und Druck.

Setzen sich diese Menschen dann an den Rechner, ist neben dem Programm auch Xing und Facebook offen. Außerdem laufen gleichzeitig das Intranet und Skype. Wer soll sich da auf die Arbeit konzentrieren? Wie soll unser Gehirn dieses Hin und Her verarbeiten?

Internet und Smartphone führen uns in eine Welt der Fremdbestimmung und des Unwohlseins. Denn – wer schaltet schon seine Geräte ein und freut sich auf die vielen guten Nachrichten, die er wohl finden wird? Tagesplanung, Prioritäten und persönliche Bedürfnisse werden vor den scheinbar wichtigeren Bedürfnissen der anderen hintangestellt. Wir reagieren, statt zu agieren, der Zeitdruck erhöht sich zu einer immensen Stressbelastung bis hin zu dem Gefühl, die Kontrolle über das eigene Leben zu verlieren.

Das Motto »The difference between men and boys is the price of their toys« gilt inzwischen auch für Frauen, und so sollten Sie mit Ihren schicken Spielzeugen wohldosiert spielen: Niemals morgens als Erstes, niemals abends als Letztes, mit begrenzten Zeitfenstern tagsüber. Der Gewinn an Lebensfreude und Freiheit wird Ihre Effizienz erhöhen und Ihre Position festigen: Sie haben das Sagen, nicht Ihr Handy. Wenn Sie beim Ein- und Ausschalten dann noch gehirnfreundlich lächeln, weil Sie das Urlaubsfoto oder Naturmotiv, das Sie als Hintergrundbild gewählt haben, auch ansehen, sind Sie Ihrer Umwelt einen wichtigen Schritt voraus.

 Genusspraxis:
Gedankenhygiene

1. Beginnen Sie den Tag mit guten Gedanken.
Und beschließen Sie ihn auch so. Falls Ihnen beim besten Willen nichts einfällt, nutzen Sie eine motivierende CD, zum Beispiel von Louise Hay.

2. Was ist genau *jetzt* nicht in Ordnung?

Während Sie nachts wach im warmen Bett liegen, rauben Ihnen Gedanken über ein Gespräch mit dem Chef oder den Kindern die Ruhe. »Jetzt« hier im Bett können Sie daran nichts ändern. Chef oder Kinder sind weit weg, hier und jetzt ist alles in Ordnung. Unsere Gedanken spielen nur verrückt.

3. Ärgern Sie sich maximal drei Minuten.

Sie bestimmen, wofür Sie Ihren Kopf und Ihr Herz hergeben. Sagen Sie »Stopp« und wenden Sie sich dann gedanklich sinnvolleren Dingen zu. Nehmen Sie eine Uhr zu Hilfe.

4. Nutzen Sie in schwierigen Momenten Ihre Ressourcen.

Ihre mentalen Ressourcen sind Achtsamkeit, Genussfähigkeit, Optimismus. Ihre wichtigste psychologische Ressource ist Akzeptanz, vor allem Selbstakzeptanz. Die Dinge sind, wie sie sind. Soziale Ressourcen sind unsere Beziehungen, physische Ressourcen unsere Gesundheit und Energie. Was können Sie gerade besonders gut gebrauchen? Setzen Sie es ein.

5. Lernen Sie von resilienten Menschen.

Sie befassen sich mit Problemen, wenn sie da sind, nicht früher und nicht später. Wenn das Problem da ist und mit ihm Angst oder Ärger, dann können Sie mit guten Gefühlen Ihren Herzschlag beruhigen und sich dadurch schneller erholen.

6. Lernen Sie von älteren Menschen.

Wenn wir jünger sind, gehen wir davon aus, dass die Dinge immer besser werden. Ältere hingegen wissen, dass die Gegenwart das Beste ist, was das Leben bieten wird. Sie lernen, die Kräfte einzuteilen und auf das Wesentliche zu konzentrieren.

7. Vergeben Sie, sich und anderen.

Die Fähigkeit zu vergeben zeigt geistige Gesundheit und ist ein wichtiger Baustein für das gute Leben im Heute. Anderenfalls schleppen Sie längst Vergangenes mit sich herum und schaden nur sich selbst. Wenn Sie sich zur Vergebung entscheiden, dann können Sie es auch.

8. Ändern Sie, was sie stört.

Die Tür quietscht, das Auto ist schmutzig, der Schreibtisch steht ungünstig? Die Haarfarbe ist nicht mehr aktuell und die Kleidung ist zu klein geworden? Worauf warten Sie? Jetzt ist der Zeitpunkt, sich von unnützen, unsinnigen oder unpraktischen Dingen zu befreien, die sonst immer wieder Ihre Aufmerksamkeit und Ihr Wohlbefinden kosten.

9. Üben Sie sich in Selbstdisziplin.

Tun Sie alles genau dann, wenn es zu tun ist. Sofort, ohne zu verschieben und Ausreden zu erfinden.

10. Schätzen Sie Ihre Zeit.

Sie werden einfach nie genug Zeit haben, um all das zu tun, was Sie tun wollen oder sollen. Sortieren Sie daher genau, was Sie mit diesem kostbaren Gut anfangen. Tun Sie nicht länger so viel wie möglich, sondern das Wichtigste, Sinnvollste.

Gönnen Sie sich mehr Individualität

Eine meiner Klientinnen ist Mitte vierzig, Mutter zweier Jungs und arbeitet in anspruchsvoller Position im mittleren Management eines internationalen Zulieferers. Natürlich hat sie viel zu viel Arbeit. Doch da ihr die Familie am Herzen liegt, ist sie jeden Abend zum gemeinsamen Abendessen zu Hause. Kürzlich sagte ihr Ältester, acht Jahre, Folgendes zu ihr: »Mami, wenn ich groß bin, werde ich Arbeitsloser.«

Wenn ich diese Geschichte in Vorträgen erzähle, frage ich gern: »Was meinen Sie, wie der Junge auf diese Idee kommt?« Meine Zuhörer haben dann sofort viele Vermutungen. Der Junge sehe die Arbeitslosigkeit als etwas Erstrebenswertes, weil die Mutter dann mehr Zeit für die Kinder hätte, sie wäre nicht so erschöpft, wenn sie beim Abendessen sitzt. Oder: Es gebe im Bekanntenkreis Kinder, die erzählen, wie schön es ist, nichts zu tun und Geld zu bekommen. Oder die Mutti sei beim Abendessen in Gedanken woanders, statt den Kindern zuzuhören. Was ist Ihre Hypothese?

Was tatsächlich geschehen war, ist etwas ganz anderes. Die Mutter hat jeden Abend über ihre Arbeit geschimpft. Die nervenden Kunden, der Chef, der nie Zeit hat, der Druck, die kranken Kollegen, wie sie sich abhetzt und es doch nie schafft.

Sie können ganz sicher sein, dass meine Klientin sehr erschrocken war. Vor allem deshalb, weil sie den Beruf ausübt, der ihr liegt und den sie haben wollte. Weil sie ihre Kollegen schätzt und mag und der Chef der beste im Haus ist. Sie verdient richtig gut Geld und kann sich weiterentwickeln. Sie konnte vor einigen Jahren langsam in die Führungsverantwortung wachsen und diese erweitern. Wenn sie nach beruflichen Veränderungswünschen gefragt wurde, hatte sie immer geantwortet, dass sie genau am richtigen Platz sei. Sie brauchte also nichts an ihrer Arbeit zu ändern, sondern an ihrem eigenen Umgang damit.

Wer sind Sie heute, da Sie dieses Buch lesen? Was wissen Sie über sich, wie zufrieden sind Sie? Viele unserer Sorgen entstehen meiner Meinung nach dadurch, dass wir uns nicht genug Raum in unserem Leben geben. Dass wir uns selbst nicht wahrnehmen und dadurch ein Leben führen, das nicht immer unser Optimum ist. Ganz besonders bei der Arbeit überlassen wir viel zu schnell anderen die Entscheidungen, halten uns raus, wollen unsere Ruhe haben. Das geht durchaus. Doch der Preis ist, dass wir unsere Chancen für Entwicklung, Freude und Sinn nicht nutzen.

Wir wachsen damit auf, dass wir zu dem gemacht werden, was andere von uns erwarten. Wir leben nach, was unsere Eltern vorleben, und selbst wenn wir uns als junge Erwachsene entscheiden sollten, nie zu werden wie unsere Eltern, sind wir es längst. Auf der einen Seite beklagt unsere Gesellschaft die Vereinzelung und Individualisierung, dass Menschen sich scheinbar immer weniger um andere kümmern und sorgen. Auf der anderen Seite heißt dies noch lange nicht, dass wir uns gut um uns selbst kümmern. Wahrscheinlich haben Sie sich schon mit Büchern oder Coachings zu Ihrer persönlichen Entwicklung befasst. Nutzen Sie diese Erkenntnisse, diese Schätze auch im beruflichen Umfeld und sehen Sie sich dabei als Teil eines sinnvollen Ganzen. Werden Sie, Sie ganz persönlich, von der Welt gebraucht? Wofür? Was haben andere von Ihrer Arbeit?

Eventuell sind Sie ja schon genau an der richtigen Stelle und sehen es nur manchmal nicht mehr. Denken Sie doch einmal über die Menschen nach, die dafür sorgen, dass Sie das tun können, was Sie tun. Wer hat die Bäume gepflanzt, aus denen das Holz für Ihren Schreibtisch stammt? Wer hat den Tisch designt? Wer hat die Menschen unterrichtet, die später die Programme schrieben, mit denen Sie heute arbeiten? Wir alle profitieren voneinander. In gleichem Maß sind auch Sie für andere Menschen unentbehrlich. Irgendjemand kauft ja die Maschine, die Sie planen, um damit etwas herzustellen, was wiederum jemand haben möchte. Sie geben Ihren Kunden bei der Physiotherapie Kraft und Gesundheit, die diese an ihre Kunden und Familien weitergeben können. Ein großer Teil der Freude und des Wohlbefindens im Job stammt aus der Beantwortung der Frage: Was ist meine Rolle im Arbeitsleben? Sich die eigene Bedeutung klarzumachen ist eine Herausforderung und ein Vergnügen.

Wer sind Sie und wer wollen Sie sein?

Wir sind viel zu sehr damit beschäftigt, externen Maßstäben gerecht zu werden. Was haben Sie zum Beispiel für ein Schönheitsideal? Ein eigenes? Welches Gewicht finden Sie optimal? Das, mit dem Sie sich wohlfühlen? Selten. Dafür werden wir viel zu sehr mit Vorbildern konfrontiert, die dafür sorgen, dass wir uns permanent zu dick oder zu dünn fühlen. Sie sind davon unabhängig? Bitte schreiben Sie mir, ich möchte Sie kennenlernen. Ich kenne nämlich viel zu wenige Menschen, die es sind. Viel eher erlebe ich Trotz, Aufgeben oder die Verzweiflung, nicht so zu sein wie gewünscht.

Dahinter steckt meiner Ansicht nach eher eine generelle Unzufriedenheit mit sich. Gewicht und Schönheit scheinen das zu sein, was wir am ehesten verändern, formen können, so wie wir beziehungsweise unsere derzeitigen Normen es wollen. Doch auch das hat seine Grenzen. Ich habe es selbst einige Male erlebt, dass ich keine Lust mehr hatte, um mein Lieblingsgewicht zu ringen. Dann hatte ich Ausreden wie:

»Ich werde eben älter, und dann ist es nicht mehr so leicht, das Gewicht zu halten« oder: »Ich habe schon so viele Jahrzehnte mit meinem Gewicht gehadert, nun reicht es.« Es ist natürlich so, dass es mal leichter und mal schwerer ist, sein Gewicht zu halten. Am Ende entscheiden doch aber wir, ob wir uns darum kümmern. Wie viel wir investieren, ob es eine Priorität ist oder nicht. Jeden Tag, immer wieder. Gehen wir zum Sport oder streichen wir ihn, weil wir müde sind oder die Arbeit Vorrang hat. Essen wir abends Brot, auch wenn wir uns vorgenommen haben, es nicht zu tun, oder nicht. Viele, viele Einzelentscheidungen führen zu einem Ergebnis, das uns dann nicht gefällt und über das wir klagen, statt zu sagen: »Ich habe das so gewählt.«

Und so geht es mir wie meinen Klienten und eventuell auch Ihnen. Wir müssen uns immer wieder Prioritätsfragen beantworten. Mit Ende vierzig kann ich sagen, ich möchte mein Gewicht und meinen Bauch akzeptieren und endlich einmal aufhören, an mir herumzumäkeln. Oder ich möchte in die alten Lieblingshosen passen. Keine Entscheidung ist besser oder richtiger. Nur entscheiden müssen Sie, und dann aufhören, sich zu ärgern, sich konsequent verhalten. Das heißt, entweder keinen Blick mehr auf die Waage oder her mit dem Sportcoach oder einer Ernährungsberatung. Unentschlossenheit kostet richtig Energie. Ich höre so oft von Klienten: »Ich habe nicht abgenommen.« Wenn ich nachfrage, was sie genau dafür tun, um abzunehmen, ist es meist nur der Vorsatz, weniger zu essen. Es wird »versucht«, Sport in den Alltag zu integrieren, und Stress, die Hauptursache für Gewichtszunahme vor allem am Bauch, wird überhaupt nicht beachtet.

Sie leben auch so? Dann kann das durchaus stimmig sein. Dann ist eben jetzt keine Situation zum Abnehmen. Stoppen Sie das Hadern mit sich. Sie ärgern sich sonst immerzu:

Wenn Sie weniger essen und hungrig sind (kennen Sie den Spruch »Hunger macht böse«? – er stimmt!), wenn Sie abends müde nach Hause kommen und lieber fernsehen, als Sport treiben. Sie ärgern sich, wenn das schöne Kleid nicht passt und wenn Sie auf die Waage treten. Dabei ist der Ärger völlig kontraproduktiv. Sie entscheiden über Ihren Alltag und damit über die vielen Mosaiksteine Ihres Körpers.

Die Konsequenzen unseres Lebens spiegeln sich nicht nur im Gewicht oder unserer Attraktivität, sondern auch in unserer Gesundheit. Dort wird es noch dramatischer. Wir tun jahrzehntelang nicht nur nichts, sondern verheizen uns regelrecht, zum Beispiel durch krummes, stundenlanges Sitzen, Ärger, Anspannung, mangelnden Schlaf, falsche Atmung, schlechte Essgewohnheiten, Hast, fehlende frische Luft und Lebensfreude, und wundern uns dann allen Ernstes, wenn wir krank werden.

Ich fände es so großartig, wenn wir präventiv denken würden. Doch leider reagieren wir Menschen oft erst auf Gefahren, wenn etwas Schlimmes geschieht. Wir merken, was wir haben, wenn wir es verlieren. Sei es die Arbeit, den Partner, die Gesundheit. Dann ist die Anstrengung, der Weg zurück viel weiter, als wenn wir vorher achtsam und wertschätzend in den Erhalt des Guten investieren würden.

Von nun an mit Genuss? Sie brauchen ein Konzept!

Lassen Sie uns kurz bei dem Beispiel Gewicht und Schönheit bleiben, weil das viele von uns kennen und weil es sich gut auf alle anderen Lebensbereiche übertragen lässt. Nehmen Sie sich Zeit, um sich ein Körperkonzept zu erarbeiten. Wie wollen Sie aussehen, sich fühlen, was bedeutet Gesundheit für Sie? Für jeden von uns ist etwas anderes wichtig. Für mich zum Beispiel Frische, innen und außen, ein knackiger, anmutiger Körper, Beweglichkeit, Energie, Kraft, erholsamer Schlaf. Ich möchte schick sein und lebensfroh und Spaß an Bewegung haben. Dies sind einige Beispiele, was sind Ihre? Seien Sie genau. Es ist ein Unterschied, ob Sie sportlich oder elegant aussehen wollen, Ausdauer oder Kraft mehr schätzen. Schreiben Sie am besten alles auf. Das Optimum. Denken Sie an den ersten Teil dieses Kapitels. Wir haben uns die Erlaubnis zum guten Leben und Genießen gegeben. Wir haben uns entschieden, dass es uns gut geht, egal was sonst passiert.

Dann sammeln Sie, was Sie benötigen, um Ihr Optimum zu erreichen. Dazu gehören Kopf und Körper. Der Kopf braucht das Ziel, also zum Beispiel Schwung. Finden Sie Sätze, die Sie ansprechen, basteln Sie selbst Ihre Affirmationen, zum Beispiel: »Ich schwinge mich durch das Leben.« Es sollten Sätze sein, die Sie zum Lächeln bringen, bei denen Ihr Bauch sich freut. Keine Anstrengung, kein Muss. Testen Sie, was wirklich attraktiv für Sie ist. Ich habe kürzlich erst entdeckt, dass mir viel wohler dabei ist, darauf hinzuwirken, locker in die Größe 38/40 zu passen, als eine Kilozahl anzustreben. Ich habe mich abgemüht und es einfach nicht mehr geschafft und hatte ein riesiges Frustpotenzial, wenn die Waage, auf die ich mich manchmal gar nicht getraut habe, das Falsche anzeigte.

Hängen Sie Ihre Sätze an Spiegel oder Schränke, Ihren Kalender oder wo immer Sie sie häufig sehen. Der Kopf braucht dann einen Plan – wie erreiche ich den Schwung? Mit Sport? Mit welchem? Es gibt heute so viele Möglichkeiten – wenn Sie nicht joggen wollen, walken Sie. Sie müssen raus, wir sind Teil der Natur und erholen uns dort am besten. Abgesehen davon brauchen unsere Zellen Sauerstoff und das wichtige Vitamin D, das durch Sonne gebildet wird. Tanzen Sie, gehen Sie zum Power-Yoga, nutzen Sie ein

Trampolin. Müde sein gilt nicht. Erstens werden Sie beim genussvollen Arbeiten Ihre Kräfte besser einteilen, sodass Sie abends noch etwas übrig haben. Zweitens können Sie ja auch morgens Sport treiben oder in der Mittagspause. Sie haben auch hier ein »Aber«? Dann ist Ihr Wohlbefinden nicht Ihre oberste Priorität!

Also ran an den Plan. Was brauchen Sie, um Ihr Optimum zu erreichen? Planen Sie ganz konkret. Schreiben Sie Ihre Sporttermine in den Kalender, verabreden Sie sich mit einem Freund, Kollegen, Nachbarn. Es macht seltener Sinn, wenn Paare gemeinsam Sport treiben, da die Bedürfnisse und Möglichkeiten meist sehr verschieden sind. Längere Beine bedeuten automatisch ein schnelleres Tempo, mehr Muskeln heißt auch mehr Kraft, Wettkampf ist angesagt. Männer haben oft einen ganz anderen Ehrgeiz und andere Ambitionen, wenn sie Sport treiben. Wenn Frauen versuchen, sich dem anzupassen, laufen sie Gefahr, dass sie sich überfordern und in der Folge keinen Spaß haben und aufgeben.

Wenn Sie die mentale Hürde überwunden haben, versuchen Sie, es Ihrem Körper leicht zu machen. Wann tut der Sport Ihnen besonders gut? Morgens zum Wachwerden, abends, um den Kopf frei zu bekommen? Sind Sie eher der Kraft- oder Ausdauertyp? Was braucht der Körper noch außer Bewegung und frischer Luft für den von Ihnen gewünschten Schwung?

Das kann mehr Schlaf sein. Mehr Pausen, Entspannung passt immer. Wie entspannen Sie? Hier wird häufig Fernsehen genannt. Das ist jedoch keine Entspannung, sondern neuer Stress. Sie müssen das, was Sie sehen und hören, auch verarbeiten. Der Bildschirm verursacht die Ausschüttung von Stresshormonen, anstatt zu mehr Entspannung zu führen. Besser ist es, ein Buch zu lesen, Entspannungsmusik zu hören – und bitte beides getrennt. Machen Sie sich schöne Gedanken, malen, singen oder stricken Sie, befassen Sie sich mit Tieren, gehen Sie zur Massage oder tun Sie einfach nichts. Lernen Sie das Nichtstun. Viele Menschen werden ganz unruhig, wenn sie nichts tun. Das geht vorbei und ist eine Frage des Trainings und der Wertschätzung des Nichts. Eine sehr erholsame Übung ist es auch, auf das Nichts zu achten. Also bei Musik auf die Pausen zu hören, im Büro auf die Freiräume zwischen den Möbeln zu schauen, auf die Lücken zwischen Gedanken zu achten und in die Luft zu sehen. Probieren Sie es aus! Es ist erst einmal ungewohnt, weil wir das gar nicht mehr kennen. Doch in den Pausen und im Nichts erholt sich unser Gehirn am besten.

Nun haben Sie Ihr Konzept und können loslegen. Holen Sie sich dabei ruhig Hilfe, erzählen Sie anderen davon, das erhöht die Wahrscheinlichkeit, dass Sie dranbleiben. Führen Sie ein Erfolgstagebuch, in dem Sie auch die kleinsten Erfolge aufschreiben, und belohnen Sie sich. Wir wissen ja, Ungewohntes fällt uns schwer, weil unser Gehirn keine Strukturen dafür gebildet hat, es dauert 30 Tage bis drei Monate, bis neue Gewohnheiten entstehen und wir nicht mehr mit uns diskutieren, ob wir aufstehen, Mittagspause oder pünktlich Feierabend machen. Falls Sie merken, der Wunsch ist da, doch Sie tun nichts, brauchen Sie eventuell mehr Hilfe von außen oder eine klarere Vision, wofür das gut ist, was Sie tun.

Das größte Geschenk ist Ihr Leben

Leider brauchen wir oft erst Krisen, speziell Krankheiten, bevor wir aufwachen. Sie oder ein geliebter Mensch sind von einem Tag auf den anderen schwer krank. Vielleicht so krank, dass Sie binnen weniger Stunden ein Pflegefall sind, der nichts mehr selbst erledigen kann. Der Körper macht, was er will, die Diagnose ist beängstigend. Sie sind verzweifelt und wissen plötzlich, wie wertvoll Ihr Leben ist. Wenn Sie auf der Intensivstation des Krankenhauses liegen, ist es völlig egal, wie viele Überstunden Sie in Ihrem Leben geleistet haben, ob Ihr Chef Sie mag oder ob Sie glatte Beine haben. Ihre teure Uhr haben Sie sowieso nicht dabei, jetzt bestimmen das Piepen des Blutdrucks, der Herzfrequenz und das Tropfen der Medikamente Ihren Alltag. Es geht plötzlich nur noch um eines: Ich will leben. Wie konnten Sie das vorher nur vergessen? Wie kann es uns allen nur passieren, dass wir diesen Schatz, den wir jeden Tag geschenkt bekommen, zu wenig achten?

Auf der Intensivstation tragen alle die gleichen hinten offenen Krankenhaushemden, Schamgrenzen und Persönliches gibt es nicht mehr, alles, was scheinbar wichtig ist, wird unwichtig. Alles, was zählt, ist das Überleben, das Gesundwerden.

Und als Angehöriger? Da kommt die Angst, den anderen zu verlieren. Die Panik, dass es nur noch wenige gemeinsame Stunden geben könnte. Plötzlich spüren wir, wie wichtig uns der andere ist, wie er uns hilft, das Leben bereichert und verschönt, wie sehr wir ihn lieben. Voller Entsetzen begreifen wir, wie viel Zeit wir verschenkt haben, die wir im Angesicht der Endlichkeit hätten zusammen verbringen und genießen sollen. Wie kurz die Zeit ist, egal wie viel wir davon haben. Begrenzt, weg, vorbei. Hätte ich doch öfter angerufen, wäre ich doch netter gewesen, warum sind wir nicht öfter ausgegangen, wir wollten doch noch …

»Hätte«, »würde«, »wollte« spielen keine Rolle, doch oft sind sie ein Teil des äußerst schmerzhaften Lerneffekts, was wirklich im Leben zählt. Wenn Sie dann jeden Tag ins Krankenhaus gehen, wenn Sie das Lieblingsessen kochen, um Freude zu bereiten, nehmen Sie sich diese Zeit ja ganz bewusst. Sie gehen später zur Arbeit und nutzen Ihre Gleitzeit oder basteln Geschenke, statt fernzusehen. Ist ein kranker Mensch ein besserer Grund, sich um ihn zu kümmern, als ein gesunder? Das ist doch verrückt!

Natürlich müssen wir uns nicht nur solche Extremsituationen ansehen. Jeder, der schon einmal richtig schlimme Schmerzen hatte, sagen wir zum Beispiel im Rücken, weiß, dass wir dann innerlich alles versprechen und eine Weile sogar tun, damit das aufhört. Wir gehen zur Gymnastik, lernen Autogenes Training, gehen spazieren und sitzen bewusster. Doch kaum sind einige Wochen vergangen, sind wir wieder im alten Trott.

Was uns fehlt, ist Wertschätzung für uns und unseren Körper und Demut vor den Wundern der Natur. Wir brauchen Eigenverantwortung, um diese Wertschätzung zu erhalten, und die Disziplin, es auch langfristig zu tun.

Mehr Bewusstsein für den Körper ist in allen Lebensbereichen nötig, am meisten jedoch bei der Arbeit. Denn dort verausgaben wir uns, wir lassen Pausen ausfallen, vergessen zu trinken, halten Meetings über die Mittagszeit ab, ohne zu essen, haben nicht die richtige Tischhöhe oder zu viel Lärm durch zu viel Bürotechnik. Wie oft lüften Sie Ihr Büro und welchen Beitrag leisten Sie dafür, dass es geschmackvoll eingerichtet ist? Auch hier beobachte ich immer wieder, dass die Menschen darauf warten, dass ihr Chef oder das Unternehmen etwas für sie tut, anstatt selbst tätig zu werden. Natürlich gibt es eine gesetzlich geregelte Fürsorgepflicht. Doch das Verhältnis auf Augenhöhe, das so oft vermisst wird, heißt eben auch, dass wir uns einbringen. Dass wir so oft wie nötig den ersten Schritt machen oder konsequent dranbleiben, bis wir die Arbeitsbedingungen haben, die für eine optimale Leistungsfähigkeit nötig sind.

Genusspraxis:
Den Körper wertschätzen

1. Sorgen Sie gut für sich.
Nur wenn es Ihnen gut geht, haben Sie etwas zum Abgeben.

2. Gehen Sie täglich ins Freie.
Die Sonne senkt den Appetit auf Süßes und bringt Ihnen Vitamin D.

3. Bauen Sie täglich aktiv Stress ab.
Egal was, tun Sie es bewusst, nicht nebenbei. Das Stresshormon Cortisol macht den Körper kaputt.

4. Verbessern Sie Ihre Erholungsfähigkeit.
Schnelle Aufregung und Belastung braucht schnelle Entspannung. Am besten helfen dem Körper Wechselduschen am Morgen, Intervalltraining beim Sport, Sex, Kurzschlaf.

5. Verbessern Sie Ihre körperliche Leistungsfähigkeit.
Durch Bewegung, Meditation, Gemüse, gute Eiweiße (wie Fisch, Geflügel, Wild, Käse, Naturjoghurt), Beerenobst, grünen Tee, Reduktion von Zucker und Weißmehl.

6. Verbessern Sie Ihre geistige Leistungsfähigkeit, Konzentration und Gedächtnis.
Durch Nüsse, Olivenöl, Kakao, reichlich Wasser und wenig Brot, Kartoffeln, Reis.

7. Machen Sie täglich mindestens eine große und zwei Mini-Pausen.
Körper und Geist brauchen mindestens alle eineinhalb Stunden eine Abwechslung.

8. Schlafen Sie nachts gut und ausreichend.
Stress wird abgebaut und wichtige Hormone aufgebaut. Bei Schlafdefizit hilft auch ein kurzer, intensiver Mittagsschlaf.

Wenn Sie nicht schlafen können, holen Sie sich Hilfe. Lavendel auf dem Kopfkissen, Milch mit Honig, Bachblüten (zum Beispiel Notfalltropfen).

9. Bewegen Sie Ihren Körper, beruhigen Sie Ihren Geist.
Bewegen Sie sich, wo immer Sie können, und sei es, die Treppe im Büro hoch- und runterzulaufen, wenn der Stress Sie im Griff hat. Trainieren Sie eine Sportart, die wirklich Spaß macht. Lernen Sie Techniken, Ihren Geist zu beruhigen, wie die »Liebende Güte Meditation«, »Quantenheilung« oder »Body-Scan«.

Sie sind Ihr größter Schatz: Loben Sie sich selbst

Oft höre ich in Unternehmen die Klage über den Mangel an Wertschätzung. Vorgesetzte sagen, dass die Mitarbeiter ihre Mühe nicht sehen und schätzen, Mitarbeiter, dass die Chefs sie nicht ernst nehmen und wertschätzen.

Das ist zunächst einmal eine Gefühlssache. Und Gefühle basieren auf Erfahrungen. Die meisten von uns haben von klein auf zu wenig bedingungslose Wertschätzung erfahren und diese Haltung für sich selbst übernommen. Da die Grundhaltung uns selbst gegenüber eher kritisch ist, hoffen wir dann, das Fehlende im Außen zu finden. Dies kann jedoch nicht gelingen, weil wir das, was wir selbst nicht haben oder wahrnehmen, auch im Außen nicht finden. Wir werden dann gelobt oder bekommen Komplimente, doch es kommt nicht an. Weil wir es »überhören« oder nicht glauben. Es ist wie mit einer Fremdsprache: Wenn Sie Japanisch nicht gelernt haben, werden Sie es nicht erkennen, wenn es jemand spricht.

Was bedeutet wertschätzendes Verhalten im Arbeitsumfeld? Zum Beispiel geht es darum, um Rat zu fragen, zuzuhören, Verabredungen einzuhalten, angesehen zu werden, sich Zeit zu nehmen. Für jeden ist das ein bisschen anders. Wichtig ist zu definieren, was genau die eigene Erwartung ist. Nur so können Sie andere darauf aufmerksam machen. Bedenken Sie, jeder versteht unter Wertschätzung etwas anderes!

Vielleicht wird Ihnen schon ein bisschen mulmig, wenn Sie sich vorstellen, Sie sollten mit Ihren Kollegen darüber sprechen, dass Sie sich wünschen, gegrüßt zu werden. Ich glaube, das liegt oft daran, dass wir alle mächtig Angst vor Kritik haben. Und dies wiederum deshalb, weil uns niemand beigebracht hat, wie das geht. Wir vermischen oft Sache und Person und nehmen Dinge persönlich. Gerade wir Frauen hören immer mit einem Beziehungsohr, und wenn uns jemand sagt »Du grüßt nicht«, hören wir »Du bist nicht richtig«.

Deshalb ist es wichtig, über das Verhalten und nicht die Person zu sprechen, wenn uns etwas stört. Also zu sagen: »Mir ist aufgefallen, dass du morgens nicht zurückgrüßt, wenn ich guten Morgen sage« statt: »Du missachtest mich« oder: »Du bist unhöflich.« Das wären Spekulationen und Angriffe auf die Person, die natürlich zu einem emotionalen Schlagabtausch führen.

Der wirkungsvollste Schritt ist das Vormachen. Wenn Sie genau definiert haben, welches Verhalten Ihrer Meinung nach Wertschätzung ausdrückt, dann leben Sie es selbst. Für andere. Lassen Sie andere ausreden? Wie konzentriert hören Sie zu, schauen Sie andere an, halten Sie sich an Vereinbarungen? Und noch wichtiger: Die gleiche Wertschätzung sollte auch für Sie selbst gelten. Hören Sie Ihren Bedürfnissen zu? Halten Sie sich an Vereinbarungen mit sich, zum Beispiel beim Sport? Sehen Sie sich wohlwollend an? Sobald Sie dies umsetzen, werden sich die Dinge ändern, denn Sie sind das Modell für die anderen.

Die Programme in unserem Gehirn, die dafür zuständig sind, wie sehr wir uns selbst schätzen, sind früh entstanden, zu einer Zeit, als die Frequenzen unseres Gehirns noch mehr im unterbewussten Bereich lagen als im bewussten – man geht davon aus, dass der Prozess etwa zum Schuleintritt abgeschlossen ist. Erst wenn wir Sprache benutzen können, können wir denken. Vorher funktioniert das Gehirn eher über Bilder, Eindrücke und Gefühle. Auch als Erwachsene sind wir mit zwei Gehirnarten unterwegs. Gern wird dafür das Beispiel des Eisberges verwendet, dessen Spitze, das Bewusstsein, aus dem Wasser ragt. Das Unterbewusstsein ist nicht erkennbar und doch viel größer. Das heißt, wir brauchen neben neuen Gedanken und Verhaltensweisen Aufmerksamkeit und Hilfe für die Emotionen und das Unterbewusstsein. Auch dafür gibt es heute Methoden (Kinesiologie, Wing-Wave oder Hypnose), die genau dort ansetzen.

Helfen Sie sich selbst

Ich bin ein großer Befürworter der Selbsthilfe. Oft geht es nicht um Krankheiten oder Symptome, sondern um das allgemeine Befinden, um Sorgen und schlechte Erfahrungen, die uns das Leben und Arbeiten schwer machen. Vieles davon können wir selbst klären, wenn wir uns trauen und uns Zeit nehmen. Das Angebot an Selbsthilfetechniken ist groß.

Besonders wertvoll finde ich eine Methode, die in den letzten Jahren unter dem Namen »Hoppen« vor allem von

Bärbel und Manfred Mohr gelehrt wurde. Dabei geht es darum, mit eigener Kraft aus negativen Emotionen herauszukommen. Und zu akzeptieren, dass wir einen Anteil an jeder Situation haben. Dies fällt oft schwer. Besonders in unangenehmen Situationen glauben wir lieber, ein anderer oder »die Umstände« seien schuld an unserem Problem.

Aber dass wir uns ärgern oder enttäuscht sind, hat mit uns zu tun. Wir sind die Antwort auf das, was uns begegnet. Nehmen wir ein Beispiel. Ein wichtiger Kunde beschwert sich darüber, dass Sie nicht zurückgerufen haben. Da für ihn eine nachteilige Situation entstanden ist, wird er am Telefon laut und lässt den Ärger an Ihnen ab.

Meist würden wir nun denken, wie unerhört oder ungerecht das ist, uns ärgern oder verletzt fühlen. Wir verteidigen uns, lecken Wunden und finden oft lange keine Ruhe. Wir könnten uns jedoch auch klarmachen, dass der Kunde sich fühlen darf, wie er will, und – in einem bestimmten Rahmen – dies auch zeigen kann. Wir könnten uns klarmachen, dass die Reaktion des Kunden das eine, unsere Reaktion das andere ist. Denn wir könnten ja genauso gut ruhig und entspannt bleiben und die Fakten klären. Unsere Reaktion hat also mit uns und unserem eingeübten Verhaltensmuster zu tun, wenn wir uns zum Beispiel angegriffen fühlen.

Das Hoppen ist ein geistiges Werkzeug, mit dem man negative Emotionen durch positive ausbalancieren kann, statt sie weiter zu verstärken. So verändern wir auch unsere Körperreaktionen wie Herzschlag oder Blutdruck. Wir erholen uns schneller und können wieder klar denken. Wenn wir auf negative Emotionen nicht mehr mit negativen Emotionen reagieren, wird auch der andere nicht mehr so weitermachen können. Ein Echo braucht ein Gegenüber, um sich aufzubauen. Anders ausgedrückt, es ist, als würde man eine

Säure und eine Base mischen. Sie neutralisieren sich gegenseitig. Wie auch immer unser Gegenüber reagiert, uns wird es besser gehen, wenn wir uns mit guten Gefühlen befassen. Und es kann nicht oft genug gesagt werden: Gute Lösungen finden Sie nur mit gutem Befinden.

Wie geht das nun mit dem Hoppen? Denken Sie vier positive Gedanken nacheinander:

1. Es tut mir leid.
2. Ich verzeihe mir.
3. Ich liebe mich.
4. Danke.

Dabei müssen Sie zunächst keinen Bezug zur konkreten Situation herstellen. Es könnte sich sofort Widerstand bei Ihnen melden: »Wieso soll ich mir verzeihen, wenn mich ein Kunde anschreit?!« Das ist eine typische Denkhirnfrage. Das Emotionshirn ist in der Lage, die guten Gefühle einfach zu genießen. Antworten Sie Ihrem Denkhirn am besten, dass Sie sich verzeihen, weil Sie sich aufregen. Weil Ihnen das ja nicht guttut. Versuchen Sie die Übung immer wieder und schalten Sie dabei den Kopf aus. Es geht darum, dass Sie sich besser fühlen und das schafft das Denken allein nicht.

Ich habe noch eine etwas andere Variante, sozusagen für Fortgeschrittene entwickelt. Hier steht im Fokus, dass Sie durch Ihre Erfahrungen, Befürchtungen, Denkmuster und lange trainierten Gefühle das beeinflussen, was Sie erleben. Diese Methode wirkt noch intensiver, weil Sie noch näher an Ihre Gefühle kommen und alte Muster hinter sich lassen können. Der entscheidende Schritt ist, von einer Schulddiskussion in eine »Jeder hat einen Anteil«-Situation zu wechseln und zu erfühlen, was genau mit mir passiert. Meist nehmen wir unsere Gefühle nicht nur nicht wahr, sondern können sie auch nicht differenzieren. Wenn wir sie erkannt haben, heißt das, wir bekommen wieder Kontrolle. Wir bekämpfen sie nicht, sondern betrachten sie.

Und so geht es. Am besten üben Sie schriftlich.

Finden Sie heraus, was genau passiert, was Sie erleben, fühlen, zum Beispiel Enttäuschung.

1. Es tut mir leid, dass ich eine Situation der Enttäuschung erschaffe.
2. Ich liebe mich, auch wenn ich eine Situation der Enttäuschung erschaffe.
3. Ich akzeptiere, dass ich eine Situation der Enttäuschung erschaffe.
4. Ich verzeihe mir, dass ich eine Situation der Enttäuschung erschaffe.
5. Ich bin dankbar für die Erfahrung, wie es ist, eine Situation der Enttäuschung zu erschaffen.
6. Und lasse sie jetzt los – zu meinem Wohle und zum Wohle aller.

Das sieht umständlicher aus, als es ist. Wenn Sie es einige Male geübt haben, geht es von allein. Nehmen Sie doch gleich einmal eine Situation, in der Sie sich zum Beispiel über einen Kollegen ärgern, und trauen Sie sich an diese neue Sichtweise heran. Anfangs wird Ihr Ego, das immer gern recht hat, sagen, das hat doch nichts mit uns zu tun. Doch selbst wenn Sie die Übung sinnlos finden, werden Sie sich danach trotzdem besser fühlen und sich dadurch anders verhalten. Das ist es, was zählt. Aus meiner persönlichen Erfahrung kann ich Ihnen versichern, dass Sie künftig viel seltener Unangenehmes erleben werden. Es ist wie ein kleines Wunder, was gute Gefühle mit uns und anderen machen.

Arbeiten Sie nicht irgendwie –
Sie sind ja auch nicht irgendwer!

Warum haben Sie die Arbeit, die Sie haben? In diesem Fall meine ich, wie Sie den Weg dorthin gefunden haben. Haben Sie das gelernt oder studiert, was Sie wollten? Oder haben Sie keine Idee gehabt und genommen, was es gab? Hatten Sie Ehrgeiz und gab es einen Numerus Clausus für Ihr Fach, oder hatten Sie keine Lust zum Lernen und keine Unterstützung? Haben Sie im Familienbetrieb angefangen, weil es von Ihnen erwartet wurde? Und wie ist es heute: Tun Sie das, was Ihnen liegt? Es ist ein Unterschied, ob Sie lieber mit den Händen oder dem Kopf arbeiten, lieber allein oder mit anderen. Ob Sie lieber erfinden oder umsetzen.

Sammeln Sie doch einmal, was Ihnen liegt und Freude bereitet, und überlegen Sie, wie Sie das besser in Ihrem Arbeitsalltag nutzen können. Häufig höre ich von Mitarbeitern, dass sie keine Ideen oder Vorschläge mehr einbringen, weil der Chef eh nicht zuhört. Von Vorgesetzten höre ich, dass sie die Dinge lieber selbst tun, weil die Mitarbeiter nicht motiviert sind. Wir können immer etwas ändern. Bei uns. Wenn wir bei uns etwas verändern, zum Beispiel freundlicher sind, verändert sich unsere Umgebung. Denken Sie an ein Kaleidoskop. Die Steinchen sind immer dieselben. Doch jedes Schütteln führt zu einem anderen Bild. Wir können warten und sagen, die anderen sollen mal schütteln, dann mache ich mit, oder wir schütteln einfach selbst, weil das, worüber wir sprechen, unser Leben ist und wir es so gut wie möglich gestalten wollen. Wir können uns darauf konzentrieren, wie oft ein Kunde zu spät bezahlt, unser Geburtstag vom Chef vergessen wird oder die Mitarbeiter düster dreinschauen. Oder wir können unsere

Energie darauf verwenden, das zu leben, was wir uns wünschen.

Lassen Sie uns einen kurzen Ausflug zu Timothy Ferriss und »Die 4-Stunden-Woche« machen. Von ihm übernehme ich immer wieder gern die Frage, welche Belohnung es rechtfertigt, dass wir die kostbarsten Jahre unseres Lebens im Arbeitskampf opfern und hoffen, die letzten Jahre dann endlich glücklich zu sein. Der Traum ist meist die Freiheit, das zu tun, was man will, und dafür das nötige Geld zu haben. Doch hier erliegen wir einer Illusion. Denn wir werden nie genug Geld haben. Weil sich unsere Wünsche immer weiter nach oben anpassen. Frei sind wir immer oder nie. Eine Weltreise kann man in jeder Preisklasse machen, eine gemütliche Wohnung kann ein oder vier Zimmer haben. Wir sehen unsere Möglichkeiten. Oder wir sehen Sie jetzt nicht, und dann werden wir sie auch als Millionäre oder Rentner nicht sehen.

Wenn »Tun, was wir wollen« heißt, öfter nichts zu tun, im Garten zu sein oder Hobbys zu pflegen, dann können wir das doch sofort umsetzen! Schon wenn Sie in Ihrer Arbeit öfter tun, was Sie wollen, werden Sie diese weniger als Pflicht erleben. Betrachten Sie Ihren Alltag. Ein Mangel an Zeit ist meist ein Mangel an Prioritäten. Fragen Sie sich öfter, ob Sie produktiv oder aktiv sind. Schon kann Ihr Arbeitsalltag ganz anders aussehen.

Wir leben in einer Welt und in einem Land, wo uns alle Möglichkeiten offen stehen. Unsere Großeltern wurden Lehrer oder Bäcker und blieben es ein Leben lang. Egal ob es ihnen lag oder nicht. Wir können heute immer wieder Kurskorrekturen vornehmen. Wir können vor dem Studium Erfahrung im Ausland oder in Praktika sammeln, wir können Lehre oder Studienrichtung wechseln. Wir können auch in der Lebensmitte und danach etwas anderes lernen und beginnen. Wichtig ist – ich weiß, ich wiederhole mich –, sich klarzumachen, was Sie wirklich wollen. Von außen sieht manches so toll aus, doch schauen Sie auch hinter die Kulissen. Sind Sie jemand, der ein großes Unternehmen schätzt, vielleicht sogar ein internationales, oder ein kleineres, familiäres? Wollen Sie Führungsverantwortung übernehmen oder nicht? Alles hat seine Voraussetzungen und seinen Preis. Oft ziehen wir in Deutschland über die Manager her. Was sie verdienen und welche Autos sie fahren. Aber würden Sie deren Leben wirklich leben wollen? Reisen, Überstunden, Wochenendarbeit und permanente Kritik von allen Seiten? Ständig öffentlich bewertet werden von lauter Besserwissern, die es aber nicht besser machen?

Eine wirkliche Herausforderung ist die Frage, ob Sie sich selbstständig machen sollten oder nicht. Als ich eine neue Mitarbeiterin einstellen wollte, begegnete mir ganz häufig die Haltung »Anstellung = Sicherheit«. Ich erinnere mich an eine Dame, die ich zum Gespräch eingeladen hatte. Sie arbeitete seit vielen Jahren als Sekretärin. Das letzte Unternehmen war in die Insolvenz gegangen und sie bekam monatelang keinen Lohn. Trotzdem war ihre Einstellung: »Ich muss angestellt sein, das ist sicher.« Noch spannender wurde es, als ich sie nach ihren Interessen fragte. Sie zog eine Mappe mit Bildern und Bastelarbeiten hervor. Mit Begeisterung, strahlend und redegewandt erklärte sie mir Techniken und Materialien. Auf meine Nachfrage, warum Sie denn kein Bastelgeschäft eröffnet, bekam ich wieder zu hören, dass sie angestellt sein müsse und dafür eben nur die Sekretärin infrage käme.

Deutschland ist nicht dafür bekannt, dass es das Land der Gründer und Selbstständigen ist. Dies liegt wohl vor allem an dieser völlig unrealistischen Haltung des Sicherheitsstrebens. Was bitte ist sicher? Nichts. Vor einigen Jahren hätten wir noch gesagt, bei einer Bank oder einem Anwalt zu arbeiten sei sicher, die guten deutschen stabilen Zweige eben. Inzwischen müssten wir das revidieren, aber es kommt nicht in unseren Herzen an.

Das Einzige, was sicher ist, sind Sie. Was Sie können und sind. Dies haben Sie immer zu bieten. Und es gibt faktisch für Selbstständige, insbesondere Frauen, viele Förderprogramme von EU, Ländern und Kommunen. Der organisatorische Schritt in die Selbstständigkeit ist also abgefedert. Natürlich muss aber ein solches Berufsleben zu Ihren Werten und Träumen passen. Und natürlich brauchen Sie eine gute Geschäftsidee.

Da haben wir Frauen einen klaren Vorteil. Denn Betreuungs-, Gesundheits- und Dienstleistungssektoren sind tendenziell Frauenmärkte – und es sind Märkte der Zukunft. Wissen wird immer wichtiger, wir werden immer älter und damit betreuungsbedürftiger, die Gesundheit wird immer wertvoller. Kinder müssen betreut werden, wenn mehr Frauen arbeiten wollen. Der Vorteil der Selbstständigkeit ist, dass wir uns die Zeit gut einteilen und Kinder und Arbeit individueller unter einen Hut bringen können. Der Nachteil ist, dass in diesen Branchen oft wenig verdient wird.

25 Minuten reden – 25 000 Euro verdienen?

Der Veränderung unserer Arbeits- und Lebensbedingungen entspricht auch der Boom an Angeboten im Persönlichkeitsentwicklungsmarkt. Immer mehr Menschen spielen mit der Idee, Trainer, Berater, Coach, Heilpraktiker oder Referent zu werden. Sie auch? Lassen Sie uns kurz einen Blick auf diesen Markt, in dem ich als Selbstständige seit Jahren Erfahrungen sammle, werfen. Wir können dort auch für andere Bereiche lernen, hohe, aber realistische Erwartungen zu haben. Und uns unbedingt ein möglichst neutrales Bild zu verschaffen, statt Trends hinterherzulaufen.

Der Vortrags- und Firmeneventmarkt ist eine Wachstumsbranche. Jährlich gibt es eine siebenstellige Zahl von Veranstaltungen, in denen Kunden »gebunden«, begleitende Damen unterhalten, Mitarbeiter und Führungskräfte fortgebildet werden; Einzelcoachings, Trainings oder Supervisionen noch nicht mitgezählt. Für Jahresauftakt, Jubiläen, Weihnachtsfeiern, Hauptversammlungen und so weiter gibt es weiteren Bedarf an Rednern. Es werden jährlich mehr als 20 Milliarden Euro in Deutschland dafür ausgegeben.

Getrieben wird das Wachstum in diesem Markt von zwei Trends, zum einen dem Wissenszeitalter, das als Tribut von seinen Kindern stets und ständig berufliche und persönliche Weiterentwicklung fordert, und zum anderen den neuen Biografien. Viele Menschen entdecken gerade in der Lebensmitte, dass ihr bisheriges berufliches Leben sie nicht mehr erfüllt oder sich mit ihren Werten nicht mehr deckt, und werden nicht etwa Bäcker, Lehrer oder Blumenhändler, sondern Berater, Trainer oder Referent. Oft spielen persönliche Erlebnisse eine Rolle, die sie erkennen lassen, wie wichtig es ist, umzudenken und dass uns die nötigen Handwerkszeuge dafür fehlen. Andererseits locken die Chancen eines freien Marktes, auf dem es keine allgemein gültigen Gütesiegel oder Zulassungsvoraussetzungen gibt.

Angespornt durch Bücher wie »Der Weg zum Topspeaker« von Hermann Scherer hoffen immer mehr Menschen, mit scheinbar unkomplizierter Arbeit schnell viel Geld zu verdienen. Doch abgesehen davon, dass maximal fünf Prozent der Freiberufler Millionäre werden, gibt es inzwischen ein Überangebot von Trainern und Referenten, und in Unternehmen wird nicht nur in Zeiten der Wirtschaftskrise bei den Investitionen gestrichen und gespart.

Dies hat zur Folge, dass auf der einen Seite Unternehmen Preise drücken und insbesondere Trainer für Einkünfte arbeiten – um überhaupt zu arbeiten –, für die sie in keinem Angestelltenverhältnis antreten würden. Auf der anderen Seite gibt es außergewöhnlich erfolgreiche Referenten, von deren Honoraren andere nicht einmal träumen. Wenn Jörg Löhr, Matthias Horx und Gertrud Höhler 12 000 Euro für einen Vortrag erhalten (FAZ), lassen diese Aussichten die Träume der Neueinsteiger in die Wolken wachsen.

Vergessen wird dabei, dass dahinter Marken stehen, die jahrelang erarbeitet sind und eher mit den Menschen als mit dem Thema zu tun haben. In meinem Interview mit Petra Spiekermann von PSPR, die Referenten in Sachen PR berät, sagte sie: »Derzeit kommen viele Trainer in den Referentenmarkt, die ihre Trainingsthemen einfach nur umbauen. Manchen locken die guten Verdienstmöglichkeiten, ohne dass klar ist, dass Topreferenten mit Tophonoraren auch richtig Zeit in Thema und Tiefgang investieren.«

Glaubt man den »Stimmen« auf den Homepages von Vortragsanbietern, gibt es ausschließlich zufriedene Kunden. Spricht man mit Unternehmen, klingt das etwas anders. Da erkennt man erst auf der Bühne, dass die Fotos des Referenten auf der Webseite viele Jahre alt sein müssen, der schwäbische Dialekt in Hamburg ganz schlecht ankommt oder der Kontakt zum Publikum einfach nicht zustande kommt.

Bei der Weiterbildung zählen Tiefgang und Nachhaltigkeit. Dafür benötigt man ein echtes Vertrauensverhältnis zum Referenten und sollte dies nicht zugunsten immer neuer Moden und vermeintlicher Trends gefährden.

Überlegen Sie daher gut, wie und wo Sie sich und Ihre Stärken am besten einbringen können. Im Übrigen muss das keine »Entweder/oder-Entscheidung« sein. Der Trend zu zwei Standbeinen ist schon etabliert: ein Teilzeitjob, der das Grundeinkommen sichert und ein zweiter oder die Selbstständigkeit, in der bevorzugt die eigenen Interessen und Visionen gelebt werden.

Netzwerken: Familienersatz, Illusion oder Erfolgsgarantie?

Sind Sie bei Xing, Twitter, im Lions Club und Verband mittelständischer Unternehmer? Nein? Dann sind Sie morgen out und Ihr Unternehmen tot.

So zumindest könnte man denken, wenn wir die aktuelle Ratgeberliteratur, Seminarankündigungen oder Marketingberater hören oder lesen. Doch ist das wirklich so? Gehen Sie doch mal auf ein Netzwerktreffen. Oft sind die Veranstalter einfach nur froh, wenn so viele Menschen wie möglich teilnehmen, das Essen billig und die Referenten »zu Marketingzwecken«, also ohne Honorar kommen.

Viele Veranstaltungen erinnern mich an Singletanz. Mit dem Unterschied, dass den Teilnehmern nicht »Küss mich«, sondern »Kauf mein Produkt« auf der Stirn geschrieben steht. Sehen Sie sich einmal bewusst um. Bei wem können Sie erkennen, dass er aus Freude, nette Menschen zu treffen, über seine Arbeit zu sprechen oder ein gemeinsames Projekt voranbringen zu können, gekommen ist? Oft scheint es so, als ob die Gesprächspartner innerlich kalkulieren. Was könnte ich meinem Gegenüber verkaufen, passt er in meine Zielgruppe oder sollte ich keine Zeit auf ihn verschwenden? Der umherschweifende Blick während eines Gespräches soll sicherstellen, ja niemanden zu verpassen, der wichtiger ist.

Fortgeschrittene haben gelernt, dass sie Problemlöser werden sollen. So hören Sie dann Fragen wie: »Was kann ich für Sie tun?« Doch ist es immer so gemeint? Ich habe es selten erlebt und finde, wir sind eine Welt der Verkäufer geworden. Versicherungen, Kosmetik, Beratung, Autos, Gold, Geldanlagen, Haarschnitte. War das mal anders?

Wahrscheinlich war es einmal Teil der Alltagskommunikation, dass der Fleischer am Stammtisch dem Bäcker von seiner neuen Idee erzählte oder die Frauen untereinander die besten Erfahrungen mit Ärzten ausgetauscht haben. Es lief irgendwie und musste nicht organisiert werden. Natürlich gab es vor einigen Jahrzehnten auch noch kein Überangebot an Leistungen. Sodass der Kunde sich nur zwischen Fleischer X und Y oder Anwalt X oder Y entscheiden musste. Man kannte sich meist sowieso. Heute dagegen wollen wir in einer immer lauter und schneller werdenden Welt auf uns aufmerksam machen. Am Ende wird Ihr persönlicher Enthusiasmus überzeugen, egal ob mit organisiertem Netzwerk oder ohne.

Zumindest wird es gerade für Kleinunternehmer und Selbstständige wichtig sein, die eigene Zeit gut zu investieren. Sind Sie in einem Netzwerk wirklich am richtigen Ort? Und wenn ja, an welchem? Spaß und konkrete, messbare berufliche Erfolge sind für mich Kriterien. Ich erlebe immer wieder, dass gerade Frauen viel mehr reden als tun. Und ein Stapel Visitenkarten von Personen, die sich doch nicht melden, ist viel weniger wert, als einmal persönlich vorgestellt zu werden. Netzwerktreffen konkurrieren meist mit der ohnehin schon zu knappen Freizeit. Umso mehr Spaß oder Nutzen oder beides sollten sie bringen.

Sie sind, was Sie denken

Wie oft pflegen Sie Ihren Garten, waschen Ihr Auto, wie oft putzen Sie Ihre Zähne? Die meisten von uns werden mindestens einmal täglich irgendetwas davon tun. Warum?

Weil wir überzeugt sind, dass dies richtig, notwendig und/oder gesund ist, und wir uns damit wohler fühlen.

Doch wie oft machen Sie Großputz im Gehirn? Sortieren aus, was veraltet, belastend oder unnütz ist? Bereitet es Ihnen Freude, zu lernen?

Gelernt haben wir in der Schule, in der Ausbildung. Dann sind wir fertig damit. Viele Erwachsene stöhnen, wenn sie ein neues Computerprogramm, eine neue Sprache lernen oder eine neue Ausbildung absolvieren sollen. Ganz zu schweigen von der Auseinandersetzung mit dem eigenen Denken. Wir tragen alle so viele falsche Erwartungen, Ärger, Zweifel, Unsicherheiten oder Erlebnisse, die wir »nicht verzeihen können«, mit uns herum. Sie haben sich im Laufe des Lebens zu richtigen Bergen angesammelt. In Wohnung oder Auto hätten wir sie längst herausgeputzt oder hätten einen Spezialisten befragt. Warum akzeptieren wir, dass in unserem Kopf ein Chaos herrscht, das uns nicht guttut?

Mancher ist sich nicht einmal bewusst, wie viele negative Gedanken sich angesammelt haben. Es scheint so normal zu sein, dass wir gar nicht darüber nachdenken. Dies wäre nicht so wichtig, wenn die Gedanken keinen Einfluss auf unser Leben und unseren Arbeitsalltag hätten. Doch Angst lähmt, Sorgen und Zweifel halten uns von neuen Erfahrungen ab und das Nicht-verzeihen-Können schadet immer nur uns selbst, nicht dem, den wir damit treffen oder bestrafen wollen. Wir tragen eine Last, die in die Vergangenheit gehört und die Gegenwart trübt.

Werfen Sie doch einmal einen prüfenden Blick in den Spiegel und schauen Sie sich an. Strahlen Ihre Augen? Welchen Ausdruck nehmen Sie in Ihrem Gesicht war? Sorgen- oder Lachfalten, Bitterkeit oder Lust auf Leben? Wie sieht Ihr Körper aus? Gebeugt von den Lasten, die Sie tragen, oder frisch und aufrecht? Fühlen Sie sich kraftvoll oder kraftlos? Der Körper spricht eine klare Sprache, denn unsere Gedanken und Gewohnheiten prägen seine Form und seinen Zustand: Sie sehen auf den ersten Blick, was für ein Leben jemand lebt.

Sie erkennen den Einfluss von Gedanken auf Ihr Leben auch an körperlichen Symptomen. Aus der Herzforschung ist bekannt, dass Herzkrankheiten mit negativen Gefühlen wie Wut oder Ärger verbunden sind. Wir zerbrechen uns den Kopf und bekommen Kopfschmerzen. Der Blutdruck steigt, wir schlafen schlecht, der Rücken streikt. Alles das, was wir heute so schnell als negativen Stress bezeichnen, sind unsere Gedanken über uns und die Welt. Denn nur wer die Situationen als gefährlich, nicht bewältigbar oder unangenehm interpretiert, hat negativen Stress.

Bedenken Sie, dass Sie jederzeit Ihre Gedanken und damit Ihre Gefühle und Erlebnisse beeinflussen können. Machen Sie es sich doch zur Gewohnheit, immer mal wieder einen Großputz im Gehirn zu veranstalten. Halten Sie auch solche Zeiten im Kalender fest. Nutzen Sie das Jahresende, um Überholtes hinter sich zu lassen, und den Jahresanfang für Träume und Visionen. Nutzen Sie Angebote Ihres Unternehmens für Seminare, Büchergutscheine oder Coachings, um sich konstruktiv mit sich zu beschäftigen. Je besser es Ihnen geht, umso mehr Gutes werden Sie erleben.

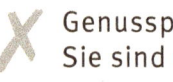 Genusspraxis:
Sie sind einzigartig

1. Woran haben Sie Freude, wobei vergessen Sie die Zeit?
Schauen Sie genauer hin und verschieben Sie die Schwerpunkte. Recherchieren oder Rechnen, Sprechen oder Schreiben, was liegt Ihnen?

2. Hören Sie nie auf zu lernen.

Wissen, Verhaltensweisen, Neues aus Gebieten, von denen Sie keine Ahnung haben. Und natürlich ist es klar, dass wir an dem, wofür wir in unserer Arbeit brennen, dranbleiben. Je besser Sie sind, umso mehr können Sie Einfluss nehmen.

3. Leben Sie bewusst.

Niemand kann mit Ihnen etwas machen, wenn Sie nicht mitmachen.

4. Leben Sie im Hier und Heute.

Verschieben Sie nichts auf die Zeit, wenn Sie Rentner, die Kinder aus dem Haus oder die Zeiten besser sind.

5. Tun Sie nach Feierabend das Gegenteil von dem, was Sie tagsüber tun.

Wenn Sie schon zehn Stunden am Computer gesessen haben, gibt es ein Fernseh- und Computerlimit für zu Hause. Spielen Sie, stricken Sie, gehen Sie in den Garten.

6. Achten Sie auf Ihre Schwachstellen.

Rücken oder Kiefer, Haut oder Augen – Sie wissen, wo Sie Überlastung am schnellsten merken. Sorgen Sie vor. Und wenn Ihr Unternehmen keine ergonomische Tastatur oder keinen guten Bürostuhl bereitstellt, dann kaufen Sie ihn doch selbst. Es ist Ihr Körper.

7. Sagen Sie sich in jedem Spiegel etwas Nettes.

Nutzen Sie jede Chance, sich mental Gutes zu tun. Sie werden es ausstrahlen.

8. Holen Sie sich Hilfe.

Egal ob Arzt oder Psychologe, Chef oder Kollege, es kann sich nur etwas zu Ihren Gunsten ändern, wenn Sie aktiv werden. Menschen helfen anderen Menschen gern. Dazu müssen sie aber wissen, was gebraucht wird.

Geben und nehmen Sie das Beste

Da ist er nun, der Tag, der von den einen herbeigesehnt, von den anderen gefürchtet wird: Weihnachten. Je jünger wir sind, umso mehr Zauber, Geheimnis und Hoffnung umgibt ihn. Wir zählen die Stunden, bis der Weihnachtsmann, der hoffentlich nicht erfahren hat, dass wir heimlich fernsehen, erscheint und unsere Wünsche erfüllt.

Je älter wir werden, umso mehr hält das, was wir Realität nennen, Einzug in unser Leben. Wir glauben zu wissen, dass es den Weihnachtsmann nicht gibt, dass Wunder selten geschehen und dass das Glück der erfüllten Wünsche nur sehr kurz anhält. Vielmehr sammeln wir Enttäuschungen unserer unerfüllbar hoch gesteckten Erwartungen. Die falsche Bratensoße kann die gesamte Festtagsstimmung ruinieren.

Und doch: Eine ordentliche Portion Glanz bewahren wir uns. Wir erlauben Weihnachten, trotz aller Rationalität und Entzauberung unseres Lebens, etwas Besonderes zu sein. Wir wollen Freude bereiten und erleben. Wir wollen einmal innehalten. Über das ganze Jahr strengen wir uns an, da verdienen wir uns doch ein schönes Weihnachtsfest!

Über eines sind sich scheinbar alle einig: Es ist das Fest der Liebe. Doch woran erkennen wir die Liebe? Am Preis der Geschenke, an der Anstrengung, sie zu verpacken, an Kompromissbereitschaft oder daran, nicht allein zu sein? Ganz und gar nicht, sondern an Ihrer Fähigkeit und Ihrem Willen, ganz besonders gut für sich zu sorgen.

Ich fange gleich morgens an, indem ich mir vorstelle, dass es ein guter Tag für mich wird. Ich überlege, was mir heute richtig guttun würde, und tue es. Egal ob ein Mittagsschlaf oder der Anruf bei einem lieben Menschen, ein tolles Essen (die Geschäfte sind oft bis mittags geöffnet) oder ein Kerzenmeer.

Schluss mit der Angst, wir könnten stören oder das Falsche tun. Die anderen, auf die wir so gern Rücksicht nehmen, haben viel mehr von uns, wenn wir gut drauf sind.

Vielleicht ist es auch an der Zeit, Weihnachten einmal ganz anders zu feiern. Wer plötzlich allein ist oder arbeitet, tut dies sowieso. Viel Kummer entsteht dadurch, dass wir hoffen, die Rituale und Feiertage müssten immer genau nach dem gleichen Muster ablaufen. Nein, müssen sie nicht. Überprüfen Sie doch einmal, wie viele Dinge Sie tun, weil sie so sein »müssen« oder weil es immer so war und nicht weil sie perfekt für Sie sind. Letztes Jahr habe ich mit meiner Familie um elf Uhr vormittags ein Konzert besucht. Als wir die Karten kauften, dachte ich noch, das wird ja komisch. Zeitig aufstehen, um rechtzeitig am Jagdschloss zu sein. Weihnachten mit einem ganz anderen Rhythmus. Und es war großartig! Harfenmusik und Weihnachtstraditionen aus dem Hause Wagner stimmten uns festlich und liebevoll auf diesen außergewöhnlichen Tag ein.

Warum sollten Sie sich mit weniger als Ihrem Optimum zufriedengeben? Genauso ist es bei der Arbeit. Ich leiste – wie Sie wahrscheinlich auch – gern viel und bin für meine Kunden in Bestform. Um meine Bestform zu gewährleisten, investiere ich das Beste in mich. Nur so stimmt die Bilanz.

Und deshalb steigern wir uns. Im letzten Abschnitt zum genussvollen Arbeiten setzen wir unseren bisherigen Überlegungen die Krone auf.

Wir haben uns für ein neues Lebenskonzept entschieden, bei dem es darum geht, dem Leben, und vor allem der Arbeit, die schönsten Seiten abzugewinnen. Wir haben uns angesehen, wie wir Leben und Arbeit aus neuen Perspektiven betrachten können. Neue Perspektiven, neues Denken und Verhalten formen unser Gehirn so, dass positive Kreisläufe entstehen: Wohlbefinden im Denken und Tun wird zu

Strukturen des Wohlbefindens im Gehirn. Diese fördern Denken und Tun, was wiederum dem Wohlbefinden dient.

In diesem Kapitel wollen wir uns an den Anspruch wagen, das Beste für unser Leben auszusuchen. Dazu gehört als Erstes wieder einmal eine passende Haltung. Wie gern geben wir unseren Familien und Freunden das Beste. Warum nicht uns selbst? Die Angst ist groß, als Egoist betrachtet zu werden. Sie sitzt tief in unseren Emotionshirnen, denn mit Logik hat das nichts zu tun. Logisch wäre: Je besser es uns geht, umso besser geht es den anderen, weil wir unser Wohlbefinden ausstrahlen. Unser Verhalten wird davon beeinflusst, und so haben alle etwas davon. Wissenschaft und Erfahrung bestätigen das.

Was also könnte im schlimmsten Fall geschehen, wenn Sie nicht nur gut, sondern bestens für sich sorgen? Dass Sie abgelehnt werden, weil andere neidisch sind? Etwas anderes fällt mir gar nicht ein. Oder meinen Sie, Sie würden sich selbst ablehnen, weil Sie es sich nicht zugestehen oder aushalten können, dass es Ihnen so super gut geht? Ich glaube, das ist es. Die Kultur des »Verdienens« von Gutem, des »Ich muss doch erst etwas leisten, bevor es mir gut gehen darf« sitzt tief.

Dann nehmen wir eben solange einen Umweg über die anderen. Der Anspruch, das Beste zu nehmen, wird begleitet von der Erwartung, das Beste zu geben. Letzteres können wir ja meist schon sehr gut. Nur strengen wir uns dafür zu sehr an und vergessen das Nehmen. Mit dem Genusskonzept sorgen wir dafür, dass wir uns auf unsere besten Seiten, oder wie die Positive Psychologie sagt, auf die Stärken konzentrieren. Weil es uns dann ganz leichtfällt, diese einzusetzen. Wir konzentrieren uns auf das Beste in anderen und fördern sie dadurch optimal. Wir konzentrieren uns auf die Auswahl des Besten für unser Wohlbefinden, weil wir dann die positiven Kreisläufe von Gesundheit, Glück und Produktivität starten.

Wir wollen uns mit dem Konzept des Besten ein wenig genauer befassen. In einer Studie von Martin Seligmann und Kollegen wurde die Anwendung von Werkzeugen der Positiven Psychologie untersucht.

Zunächst wurde festgestellt, dass es durchaus kulturelle Unterschiede gibt, welche Stärken überhaupt als Stärken angesehen werden. Weltweit einig ist man sich über Freundlichkeit, Fairness, Authentizität, Dankbarkeit und Offenheit. Hier haben wir also schon mal Spitzenreiter, bei denen wir mit der eigenen Umsetzung beginnen können. Suchen Sie sich das heraus, was Sie sowieso schon gut können. Es ist viel leichter, eine Stärke zu festigen, als eine Schwäche abzubauen, die oft durch die Stärke ausgeglichen werden kann. Welches ist Ihre persönliche Lieblingsstärke?

In ihrer Untersuchung boten die Psychologen verschiedene Techniken an, mit denen man sich eine Woche beschäftigen sollte: Dankbarkeitsübung, Stärkentest, Bewusstseinslenkung (Was kann ich besonders gut?) und einen Dankbarkeitsbrief. Die Kontrollgruppe notierte Erinnerungen.

Heraus kam, dass selbst die Kontrollgruppe nach der Übungswoche profitierte. Offenbar reicht schon die Absicht, etwas für sein Wohlbefinden zu tun, um es zu verbessern. Allerdings ist der Effekt nicht nachhaltig. Eine eigene Stärke neu einzusetzen und drei Dinge zu notieren, für die man dankbar ist, waren die Spitzenreiter in Sachen Wohlbefinden und verbesserten die Zufriedenheit auch noch nach sechs Monaten. Die Depressionswerte verringerten sich anhaltend über sechs Monate. Die größten Effekte hatten diejenigen, die die Übung auch nach der Versuchswoche alleine fortsetzten. Dranbleiben am eigenen Glück heißt also die Devise.

Manche Kritiker der Positiven Psychologie bemängeln, dass der stets am Positiven orientierte Blick auf die Welt blind macht für die »Realität«; dass wir Elend und Schwierigkeiten ausblenden und uns etwas vormachen. Bekannt sind diese Tendenzen unter dem Stichwort *»Optimism Bias«*, die optimistische Verzerrung. Damit wird die Tendenz der Optimisten beschrieben, alles Erfreuliche zu überschätzen. So zeigen Studien, dass 70 bis 90 Prozent der Autofahrer ihre Fahrkünste für überdurchschnittlich gut halten. 81 Prozent der Firmengründer glauben, dass ihre Firma überlebt, nur 35 Prozent der Firmen tun es.

Risiken und negative Informationen werden unterschätzt. Das grenzenlos optimistische Gehirn scheint wie abgeschirmt und ändert seine Erwartungen auch nicht, wenn gegenteilige Informationen bekannt sind.

Leben wir bewusster. Dann können wir sehr wohl unterscheiden, ob wir optimistisch sind oder leichtsinnig, ob wir uns etwas vormachen oder Prioritäten setzen. Ich kann aus meiner Praxis nicht bestätigen, dass wir blind werden für die Probleme des Alltags. Im Gegenteil. Es ist nachgewiesen, dass glückliche Menschen hilfsbereiter, sozialer und engagierter sind.

Kann Glück zu viel werden?

Wird es nicht einfach mal zu viel mit dem ganzen Glück? Reicht es nicht langsam? Es kommt darauf an: Aktiv etwas für unser Glück zu tun, davon können wir gar nicht genug bekommen. Von der Beschäftigung mit dem Thema schon. Auch haben wir festgestellt, dass einer der Glücksboten, Dopamin, sich abnutzt und immer neue Reize braucht. Je öfter wir zum Beispiel das Gleiche lesen, umso unattraktiver wird es, umso eher kommt die Langeweile. Es muss dann schon neue Aspekte geben oder eine neue Bedeutung für das eigene Leben.

Normal ist ein Auf und Ab an Glück. Dauerglück gibt es nicht. Ebenso wenig Dauerunglück. Wenn das Gehirn sich stets an die Lebensumstände anpasst, heißt das, dass wir nach negativen Erfahrungen wieder so glücklich werden wie vorher, also zum individuellen Glücksgrundniveau zurückkehren. Gleiches gilt auch nach besonders positiven Ereignissen. Die Traumwohnung, Traumhochzeit, der Traumjob werden uns nicht ewig super glücklich machen. Danach heißt es, wieder für die kleinen schönen Glücklichmacher im Alltag zu sorgen.

Wie könnte uns etwas zu viel werden, was uns so viele Vorteile bringt, vor allem in Sachen Gesundheit? Julia Boehm und Laura Kubzansky haben herausgefunden, dass das alte deutsche Prinzip »Nicht getadelt ist genug gelobt« keineswegs hilfreich ist, denn keine oder eine negative Lebenseinstellung zu haben wirkt sich nicht vorteilhaft auf unser Leben aus. Optimismus, Zufriedenheit und Glück dagegen verringern das Risiko für Herz-Kreislauf-Erkrankungen. Positive Menschen hatten ein um 50 Prozent reduziertes Risiko. Dies kann auch daran liegen, dass Menschen mit einer positiven Lebenseinstellung sich generell gesünder verhielten in Bezug auf Essen, Bewegung, Schlaf und Arbeit. Dadurch hatten sie bessere Körperfunktionen, zum Beispiel einen niedrigeren Blutdruck, gesündere Blutfettwerte und ein normales Körpergewicht. So fühlen wir uns natürlich auch besser. Hier haben wir ihn wieder, den positiven Kreislauf.

Gut auf sich zu achten führt offenbar zu guten Gefühlen. Gute Gefühle führen dazu, dass man gut auf sich achtet. Es ist egal, wo Sie einsteigen, Hauptsache, Sie tun es.

Das Beste zu wollen heißt für mich, das Beste aus dem zu

machen, was gerade ist. Das kann die Kerze zum Frühstück sein, Gelassenheit bei einer Autopanne oder das Stück Schokolade bei der Arbeit. Und natürlich der besondere Genuss einer Traumreise. Danach geht es dann wieder weiter mit Alltäglichem.

Sage mir, wie du denkst, und ich sage dir, wie gut du verdienst

Apropos Alltag. Ein Thema, das die meisten Menschen täglich beschäftigt, ist Geld. Lieben Sie Geld? Nein? Warum tun Sie dann so viel dafür, es zu bekommen? Gerade bei Frauen erlebe ich eine große Diskrepanz zwischen dem, was sie für Geld tun, und dem, was sie darüber denken.

Auf der einen Seite wird gesagt, Geld sei nicht so wichtig. Wenn man aber das Gefühl hat, dass nicht ausreichend Geld da ist, ist es schmerzlich. Wie kann die Abwesenheit von etwas Unwichtigem schmerzen? Oder wie kann die Anwesenheit von etwas Unwichtigem glücklich machen? Das funktioniert doch beides nicht. Geld hat etwas mit Möglichkeiten zu tun, wir definieren Wertschätzung darüber. Da kommen wir sofort wieder zum Selbstwert. Sie sollten sich klarmachen, warum Sie wie viel haben wollen, wofür es für Sie gut ist. Vielleicht fragen Sie sich auch einmal, wie viel Sie brauchen und wie viel Sie wollen. Haben Sie schon einmal die Metapher gehört, Geld sei wie ein Schmetterling? Je mehr wir ihm hinterherjagen, umso schneller fliegt es davon und lässt sich nicht fangen. Oft kommt man sozusagen als Nebeneffekt zu Geld, wenn man für eine Sache brennt.

In den letzten Jahren hat die Betrachtung psychologischer Aspekte am Finanzmarkt einen festen Platz eingenommen. Allerdings beschränken sich diese Betrachtungen meist auf das Verhalten beim Auswählen von Produkten, Anlegen oder Verkaufen. Aus meiner Sicht sind dies aber schon Ergebnisse vorangegangenen Denkens, von Einstellungen, Erwartungen und individuellen Prägungen durch unsere Biografien. Erfolgreiche Investoren haben dank moderner neurowissenschaftlicher Forschung heute die Chance, die eigene Persönlichkeit zu entdecken und dadurch schneller und nachhaltiger das zu erreichen, was sie sich wünschen. Mein Credo: Geld verdienen ist wie Schokolade essen: genussvoll, selbstverständlich, leicht. Was sollten Sie dazu wissen?

Die Art, wie Sie eines tun, ist die Art, wie Sie alles tun. Eine der häufigsten Tätigkeiten unseres Lebens ist das Essen. Lassen Sie uns einen Blick darauf werfen, denn Sie werden hier ganz schnell entdecken, was für Sie typisch ist.

Was denken Sie über Essen? Sorgen Sie sich, dass es dick oder krank macht, welche Schadstoffe enthalten sind? Dann denken Sie vielleicht auch, dass Geldverdienen schwer ist, oder haben Angst, Ihr Geld zu verlieren? Wählen Sie bewusst aus oder nehmen Sie, was da ist? Leben Sie Familientraditionen oder haben Sie Mut und Lust auf Neues?

Wie anspruchsvoll sind Sie in Sachen Essen? Möchten Sie, dass es nicht nur schmeckt und gut aussieht, sondern auch noch hochwertige Inhaltsstoffe hat, Ihnen Fitness und Leistungsfähigkeit bringt? Wunderbar. Dann haben Sie sicher auch große Erwartungen an Ihre Finanzen, geben sich nicht mit Durchschnittsangeboten zufrieden und sind bereit, Einsatz zu bringen. Wenn Sie sich die Erfolgreichen der Finanzwelt wie Donald Trump oder Warren Buffet ansehen, werden Sie feststellen, dass diese ihre Ziele immer hoch stecken, weil es ihnen Spaß macht, Großes zu erreichen. Das Geldverdienen wird dann zum angenehmen Nebeneffekt.

Nur wenn Sie etwas anders tun, können Sie andere Resultate erzielen, gerade beim Geldverdienen. Wenn ich meine

Angebote mit Briefen an 500 Empfänger versende und keiner reagiert, kann ich das durchaus noch mal tun. Wenn ich dann das Gleiche erlebe, sollte ich daraus gelernt haben und eine andere Methode wählen.

Wir denken wahrscheinlich Tausende von Gedanken am Tag, in jedem Fall sind es viele. Unser Unterbewusstsein arbeitet 24 Stunden. Das ist die große Chance für uns, über unsere mentale Kraft leichter das zu erreichen, was wir wollen. Denn unsere Gedanken funktionieren wie ein Echo. Von außen kommt das zu uns zurück, was wir ausgesendet, man könnte auch sagen, gesät haben. Wenn Sie sorgenvoll an Ihren Körper, Ihr Geld oder Ihre Arbeit denken, werden Sie sorgenvoll in den Spiegel oder auf Ihr Konto sehen. Denken Sie großzügig an Ihr Geld, gehen Sie großzügig (nicht leichtsinnig!) damit um, wird Ihnen Großzügigkeit begegnen.

Wir bekommen allerdings nicht, wovon wir träumen, sondern worauf wir uns konzentrieren, womit wir uns beschäftigen. Und – ganz besonders wichtig – wir bekommen reichlich von dem, womit wir uns gern beschäftigen, denn darin sind wir immer gut. Unser Gehirn unterstützt alles, was gute Gefühle erzeugt. Wenn Sie sich von schlechten Erfahrungen und Erwartungen leiten lassen, werden Sie aus der Angst heraus Entscheidungen treffen. Diese sind niemals optimal, da das Gehirn nicht in Bestform ist. Selten können Sie mit negativen Gefühlen überdurchschnittlich verdienen. Deshalb ist es so wichtig, mit finanziellen Dingen wie mit Nahrungsmitteln positive Emotionen zu verknüpfen.

Ist Ihnen Gesundheit am wichtigsten? Wichtiger als Geld? Vorsicht. Warum sollten wir Geld geringer bewerten als andere wichtige Dinge im Leben? Ich schlage Ihnen vor, es gleich wertvoll zu nehmen. Wie ein Buch kann Geld gut oder schlecht sein. Es kommt darauf an, was wir davon erwarten, wie wir damit umgehen, wofür wir es einsetzen. Es ist genau wie unser Körper Ergebnis unserer inneren Haltung, denn diese bestimmt, was wir tun und worauf wir uns fokussieren. Das wiederum führt zu den erhofften Ergebnissen – oder eben auch nicht.

Spielen wir weiter mit den Werten. Falls Ihnen Gesundheit und Essen wichtig sind, wie viel tun Sie täglich dafür, wie viel Zeit und Nachdenken investieren Sie? Und wie ist es beim Thema Geld? Ich fürchte, insbesondere Menschen, die finanzielle Sorgen haben, stecken zu viel Energie in das Ringen um Geld. Es bleibt zu wenig Zeit und Kraft übrig, um sich damit zu befassen, was sie aus ihrem Geld machen, wie ihr Geld für sie arbeitet oder welche anderen finanziellen Möglichkeiten es gibt. Im Ergebnis glauben sie, sie müssten mehr arbeiten – ein Teufelskreis.

Bestimmen Sie auch in Sachen Finanzen regelmäßig, wohin Sie wollen, was das Beste für Sie ist. Ist der Weg, den Sie gerade gehen, angemessen, um das Geld zu verdienen, das Sie wollen? Träumen Sie kühn und realistisch. Welches Vermögen soll Ihnen wann zur Verfügung stehen und vor allem – warum? Sinnfragen bringen Motivationsschübe.

Nehmen Sie Geld wichtig, das gilt genauso für Gesundheit oder Liebe. Sie werden in Ihrem Leben von dem umgeben sein, was für Sie zählt. Machen Sie regelmäßig Bestandsaufnahmen von allen Werten, die Sie haben. Wir haben viel mehr, als uns bewusst ist. Das sollten wir sehen und fühlen. Da schlummern noch alte Versicherungen, auch wenn Sie nur kleine Beträge auszahlen – das ist Geld! Die Beitragsrückerstattung der Krankenkasse oder vermögenswirksame Leistungen des Arbeitgebers – ist das etwa nichts? Sehen Sie, was Sie alles haben. Bilder, Fotoapparat, Fernseher, Möbel, Schmuck? Das hat alles Wert. Ermitteln Sie eine Gesamtübersicht und freuen Sie sich daran.

Sorgen Sie gerade in Sachen Finanzen für eine bestmögliche Beratung. Suchen Sie jemanden, der Ihre Sprache spricht, und kümmern Sie sich selbst darum. Nicht um jede Einzelheit, aber um das große Ganze. Verstehen Sie immer, was Sie tun. Sonst lassen Sie es besser bleiben. Bedenken Sie auch hier, dass Geld ein sehr emotionales Thema ist. Sodass wir uns unserer Hoffnungen und Ängste bewusst sein und nie aus einer emotionalen Situation Entscheidungen treffen sollten.

Wie wäre es mit mehr Lebensfreude bei der Arbeit?

Falls Glück und Genuss nicht die richtigen Ansprüche für Sie sind, wie wäre es mit Lebensfreude? Finden Sie, sie hätte nichts mit Arbeit zu tun? Hat sie sich bei Ihnen aus dem Staub gemacht? Das glaube ich nicht, sie ist immer da und wartet, gelebt zu werden. Wir nehmen sie nur oft nicht wahr. Weil wir ihr, wie auch anderen Dingen, die wir längst haben, mit großem Aufwand hinterherjagen. Weil wir uns mit scheinbar Wichtigerem befassen – um dann den Mangel zu beklagen. Weil wir mit den Gedanken immer schon im nächsten Augenblick sind. Man könnte auch sagen, wir hoffen stets auf eine bessere Zukunft, deren Wert wir erst schätzen, wenn sie schon wieder Vergangenheit ist.

Wie machen wir es der Lebensfreude noch schwer? Indem wir überall und immer Ziele und Bedingungen aufstellen in der Hoffnung, dass wir uns nach dem Erreichen besser fühlen. Doch wie fühlen wir uns bis dahin? Sind wir bereit, den Weg, ja auch die Anstrengung bei der Arbeit zu genießen? Zahlen wir den Preis unserer Ziele fröhlich und mit Leichtigkeit oder grämen wir uns permanent auf der selbst gewählten Reise durch das Leben? Und wenn die Ziele erreicht sind, fühlen wir uns oft auch nicht besser.

Der optimale Ertrag unserer Lebensfreude und unserer Ziele ist: Sie müssen sofort Freude bringen. Jetzt, auf dem Weg und danach. Denn freudiges Tun wird vom emotionalen Gehirn unterstützt. Dort sitzt die wahre Kapazität von uns Menschen. Alles, was wir mit Freude tun, fällt uns leicht, was leichtfällt, gelingt. Suchen wir also nach Zielen, die begeistern, die uns entsprechen, uns kühn machen und unsere Potenziale aktivieren. Das Gehirn wird dies mit einer Extraportion Dopamin, dem Wohlbefindenshormon, belohnen.

Sorgen wir besser für uns. Behandeln wir uns selbst so, wie wir von anderen behandelt werden möchten, vor allem auch bei der Arbeit. Wenn wir Sorgen, Problemen, Zweifeln begegnen, denken wir daran, dies sind nur Gedanken, Interpretationen unserer Welt, nie die Welt selbst. Wir haben immer die Chance, das Befinden zu verbessern, indem wir uns fragen, was wir sofort für uns tun können. Angefangen vom Grübel- und Gehirnmobbing-Stopp über eine Mini-Auszeit, frische Luft, Wasser, schwungvolle Musik oder eine schöne Erinnerung – es gibt so viel Gutes zu tun. Eine tolle, schnelle Möglichkeit, positive Emotionen zu erzeugen, ist: dunkle Schokolade essen. Dies ist nicht nur Einbildung. Phenyläthylamin ist eine Substanz, die beim Essen von Schokolade gebildet wird und im Gehirn positive Nervenimpulse erzeugt. Ein Gramm Schokolade enthält rund sechs Mikrogramm davon. Schon mit zehn Gramm Schokolade fühlen Sie sich besser.

Betrachten Sie die Lebensfreude wie einen guten Freund, der immer an unserer Seite ist. Der gehegt und gepflegt und getroffen werden will. Manchmal gelingt uns das schon recht gut. Fangen Sie doch heute schon damit an, zu trainieren, als wäre der heutige Tag Ihr Geburtstag oder Weihnachten!

Sonja Lyubomirsky ist eine Vorreiterin in Sachen Glücksforschung und hat mit ihren Kollegen untersucht, welche
Methoden zur Bewältigung schlechter Erfahrungen am effektivsten sind. Ihre Versuchspersonen sprachen auf Band,
schrieben oder dachten drei Tage lang für jeweils 15 Minuten an die schlechteste oder beste Erfahrung ihres Lebens.
Diejenigen, die über ihre schlechten Erfahrungen geschrieben und gesprochen hatten, verbesserten ihr körperliches
und geistiges Wohlbefinden, Zufriedenheit und ihre Gesundheit. Diejenigen, die nur darüber nachgedacht hatten,
nicht.

Nachdenken verführt uns häufig dazu, zu grübeln oder
uns im Kreis zu drehen. Schreiben und Sprechen führen zu
Synthese und Verarbeitung. Durch die externe Nutzung der
Sprache wird Ereignissen eine Struktur und Bedeutung gegeben, durch die sie eher akzeptiert und losgelassen werden
können. Beim Schreiben über positive Aspekte eines negativen Ereignisses verbessern sich sogar Herzschlag, Haut-
widerstand und Immunsystem.

Wichtig für unseren Alltag ist die Erkenntnis, dass die
umfangreiche gedankliche Analyse von positiven Ereignissen, egal ob schreibend oder sprechend, das Wohlbefinden
reduziert. Wahrscheinlich, weil sich Zweifel melden, wie das
Ganze gekommen ist, ob es verdient war oder wie es anders
hätte sein können. Das Wundervolle am Glück geht durch
die Analyse verloren. Deshalb sollten wir uns an positive
Ereignisse nur erinnern, ohne sie auseinanderzunehmen.
Feiern Sie Glück und sprechen Sie im Sinne der Wiederholung und des Freudeteilens darüber.

Sonja Lyubomirsky und ihre Kollegen wollten noch genauer wissen, ob und wenn ja, wie wir Wohlbefinden trai-

nieren können. Sie verglichen drei Trainingsmethoden, zwei für Wohlbefinden, bei denen Dankbarkeit und Optimismus trainiert wurden, und ein Organisationstraining. Dabei konnte die Hälfte der Teilnehmer selbst entscheiden, an welchem Training sie teilnehmen wollten.

Das Ergebnis zeigte ganz klar, dass die Wohlbefindenstrainings nur dann nützlich waren, wenn die Teilnehmer motiviert waren (sich also dafür entschieden hatten) und beharrlich übten. Erinnern wir uns an dieser Stelle an das Dopamin, das ausgeschüttet wird, wenn wir uns angemessen anstrengen.

Die motivierten und engagierten Teilnehmer hatten nach Trainingsende und sechs Monate später deutlich höhere Wohlbefindenswerte als die Teilnehmer der Kontrollgruppe. Die Wissenschaftler konnten außerdem bestätigen, dass gestresste Personen mit Problemen oder schlechter Stimmung ganz besonders von Wohlbefindenstrainings profitieren. Dies könnte also künftig eine Richtung sein, die Unternehmen für Ihre Mitarbeiter nutzen können.

Außergewöhnlich gute Schachspieler oder Violinisten benötigen in der Regel zehn Jahre beziehungsweise 10 000 Stunden Übung dafür. Bei Spitzenleistungen gibt es keine Naturtalente ohne Übung und keine tüchtigen Nieten. So dürfte es auch mit dem Wohlbefinden sein. Die Anlage entscheidet, ob es einfacher oder schwieriger ist. Doch geübt und angewendet werden muss es von uns allen, und diese tägliche Praxis entscheidet über den langfristigen Erfolg.

Genusspraxis:
Kleiner Aufwand, große Wirkung

1. Tun Sie kleine Dinge sofort.
Rechnungen bezahlen, einfache Mails beantworten. Alles, was maximal zwei bis drei Minuten kostet, sollte sofort erledigt werden. Es summiert sich sonst und macht unzufrieden.

2. Tun Sie die Dinge gleich richtig.
Legen Sie die Zeitung an ihren Platz, heften Sie den Beleg in die richtige Mappe. Zwischenschritte kosten später wertvolle Zeit, die Ihnen beim Genuss fehlt.

3. Denken Sie bei jedem Stück Schokolade an sich.
Fragen Sie sich, ob Sie heute auch sonst gut für sich gesorgt haben, und machen Sie Selbstfürsorge zur Gewohnheit.

4. Legen Sie sich fest.
Planen Sie Ihre Zukunft, beruflich und privat. Schreiben Sie auf, wie Sie sein wollen, was Sie erhalten und was Sie verändern möchten und wie. Dann haben Sie klare Vorgaben, wie Sie sich im Alltag entscheiden.

5. Bleiben Sie angemessen.
Überfordern Sie sich nicht. Oft werden Ziele aufgegeben, weil Sie zu weit weg sind oder nicht zu uns passen. Das rechte Maß zwischen Attraktivität und Machbarkeit ist gefragt.

6. Sprechen Sie über Ihre Ziele.
Dann können Sie gleich testen, ob Sie selbst daran glauben, dass Sie sie erreichen. Wer darüber spricht, legt sich fest.

7. Genießen Sie den Weg zum Ziel.
Sie leben jetzt und hier, nicht erst wenn etwas Bestimmtes

erreicht ist. Wenn der Weg zum Ziel keinen Spaß macht – gehen Sie einen anderen, dann geht es sich leichter.

8. Feiern Sie Ihre Erfolge.
Notieren Sie täglich, wie Sie Ihrem Ziel näher kommen, was Sie erreicht haben, und sei es noch so klein. Wir nehmen viel zu viele Dinge als selbstverständlich hin und machen sie klein. Gönnen Sie sich eine gute Schokolade für Etappenziele.

Leben Sie das Optimum Ihres Lebens?

In Unternehmen wie im Coaching spielt das Thema »Ziele« heutzutage eine große Rolle. Ich bin ein Fan davon. Für viele scheint schon der Begriff »Ziel« immensen Druck zu machen. Erfolgsdruck, Angst sich festlegen zu müssen, Angst vor der Anstrengung?

Gemeint ist damit jedoch, sich klarzuwerden, was wir im Leben wollen. Der Begriff »Ideal« vermittelt vielleicht besser, was gemeint ist. Wohin will ich, was passt zu mir, was erfüllt mich? Sie bestimmen durch Ihr Vordenken Ihr Leben. Sie reagieren nicht auf das Leben, sondern agieren. Der Unterschied ist fühlbar. Wenn wir aktiv und gestaltend sind, gibt das ein gutes Kontrollgefühl. Stress wiederum entsteht, wenn wir uns hilflos fühlen und meinen, keinen Handlungsspielraum zu haben.

Wenn Sie einmal zurückdenken, wird Ihnen auffallen, dass auch Sie einmal Ziele hatten. Lehre oder Studium. Stadt oder Land. Auto oder Fahrrad. Dann sind wir dreißig oder vierzig und es ist plötzlich Schluss mit der Frage, wie wir künftig leben wollen. Was ist denn mit dem »Rest« Ihres Lebens? Vorausdenken bringt Sie näher an das Beste für Sie, weil Sie konsequent und langfristig daran arbeiten können.

Die Kunst im Umgang mit Zielen besteht meines Erachtens darin, sie zu haben, wichtig zu nehmen und trotzdem flexibel genug zu sein, sich dem Lauf des Lebens anzupassen.

Immer wieder wird in der Wissenschaft auch darauf verwiesen, dass die Erwartungen an Erfolg viel zu hoch sind. Das Glück des Erfolges dauert meist kurz. Oder wir können es gar nicht richtig genießen. Vielleicht, weil wir auf dem Weg dorthin zu viele Opfer gebracht, zu sehr geschuftet haben. Oder hinter dem ersten Erfolg wartet schon das nächste Ziel. Erfolg macht also nicht unbedingt glücklich. Wohl aber bringt Glück Erfolg. Sobald es uns gut geht, sind wir lockerer, folgen der Intuition, sind produktiver, unser Denkhirn arbeitet besser und so weiter. Erfolgreiche Menschen scheinen außerdem erfolgreich zu sein, weil es ihnen nicht so wichtig ist, erfolgreich zu sein. Sie sind auf einem passenden Weg, genießen ihn und der Erfolg ist sozusagen die Sahne auf der Erdbeertorte.

Konzentrieren Sie sich bei Ihren Zielen, Wünschen und Idealen auf das, was Sie selbst erreichen wollen und können. Bleiben Sie dabei locker und machen Sie Ihr Wohlbefinden nicht vom Erreichen abhängig. Halten Sie mit einem Auge Ihre Lebensvision im Blick und sehen Sie mit dem anderen die Chancen des Augenblicks.

Ein Lob der Disziplin

Wie gut, dass es die Glücksforschung gibt, die Bedingungen oder Eigenschaften zum Glücklichsein untersucht und definiert. Dabei behilft sie sich unter anderem damit, rückwirkend zu schauen, wie sich Personen mit bestimmten Eigenschaften im Laufe ihres Lebens entwickeln.

Haben Sie schon vom *Longevity Project* gehört? Hier wurden über Jahrzehnte 1500 überdurchschnittlich intelligente, anfangs 11-Jährige untersucht. Die Daten wurden von Howard Friedman und Leslie Martin ausgewertet. Sie fanden heraus, dass Gewissenhaftigkeit und Disziplin die wichtigsten Garanten für Erfolg waren und man bei Erfolg im Beruf fünf Jahre länger lebte. Vitale Männer benannten nicht Freunde, Kultur oder Glück, sondern Familie und Arbeit als wichtigste Aspekte im Leben. Ab sechzig lebten produktive Männer und Frauen länger, gesünder und glücklicher als die nur entspannenden Altersgenossen.

Das kennen wir doch irgendwoher? Genau, vom Schokoladeessen. In der Regel üben wir uns auch dabei in Disziplin und Zurückhaltung, und das macht sich in größerem Genuss bemerkbar, wenn wir uns die Leckerei dann einmal zugestehen. Wenn Sie beim Naschen gut überlegen, welchen Zweck es in diesem Moment erfüllen soll, können Sie die Effekte außerdem gezielt einsetzen. Wenn Sie lange arbeiten müssen, empfehle ich Schokolade mit grünem Tee, Sie werden munter bleiben. Wenn Sie mit Reiseübelkeit zu kämpfen haben, versuchen Sie Ingwerstäbchen mit Schokolade: Der Magen kommt ins Gleichgewicht.

Wir nutzen ein und dieselbe Willenskraft für alle möglichen Aufgaben. Doch unsere Willenskraft hat Grenzen und wird bei jeder Benutzung geschwächt. Durch ihre Schwächung verlangsamt sich die Aktivität der neuronalen Schaltkreise. Dann haben wir weniger Kontrolle und erleben gleichzeitig Gefühle und Bedürfnisse intensiver. Für Selbstbeherrschung benötigt das Gehirn übrigens Energie. Lassen Sie deshalb keine Mahlzeit ausfallen. Das senkt nicht nur Ihre Leistungsfähigkeit, sondern auch Ihre Willenskraft. Das kennen wir doch nur zu gut: Je erschöpfter wir sind, umso größer ist der Appetit auf Süßes. Heißhunger kommt deshalb eben auch selten morgens, sondern eher abends.

Krafteinteilung und Selbstfürsorge sind die Basistipps der Forscher. Das heißt konkret:

- Nehmen Sie sich nicht zu viel auf einmal vor.
- Monatspläne sind besser als Tagespläne, um flexibler zu bleiben.
- Schreiben Sie bei To-do-Listen ganz konkrete Aktionen auf. Also besser »Eine halbe Stunden walken« statt »Mehr Sport treiben«. Sonst sind die Ziele zu groß oder zu unkonkret und wir fangen gar nicht erst an.
- Zum Training der Willenskraft reicht es, an der Veränderung einer einzigen gewohnheitsmäßigen Verhaltensweise zu arbeiten.

Genusspraxis: Der optimale Alltag

1. Beginnen Sie den Tag mit etwas, was Ihnen guttut.
Kerze, Bad, Musik, egal was, so wie der Morgen ist, wird der Tag. Ruhig und mit Bewusstsein für sich oder gehetzt und im Außen.

2. Was wird mir hier heute besonders gelingen?
Starten Sie mit guten Gedanken und lenken Sie dadurch sich und den Tag.

3. Seien Sie aktiv.
Halten Sie Körper und Geist beweglich. Wer aktiv ist, fühlt sich energievoller, attraktiver und ist gesünder. 20 bis 30 Minuten, sechsmal die Woche. Wenn Sie müde oder traurig sind, ist das die beste Zeit, um Sport zu treiben – der Effekt ist am größten.

4. Essen Sie besser.
Fisch, Nüsse, Avocado, Olivenöl, Brokkoli, Beeren. Das sind Wundermittel für die Gesundheit.

5. Machen Sie einen grünen und drei trockene Tage pro Woche.
Einen Tag ohne Fleisch halten selbst begeisterte Fleischesser aus. Gleiches gilt für drei Tage ohne Alkohol.

6. Machen Sie es sich leichter.
Schaffen Sie sich Arbeitsbedingungen, die Ihnen guttun. Nutzen Sie Spielräume in Arbeitszeiten, Hausarbeitszeiten, machen Sie es sich einfach schön. Irgendetwas geht immer, und wenn Sie unter einer Uniform schicke Unterwäsche tragen.

7. Denken Sie mehr von dem, was Sie erleben wollen.
Ihre Wahrnehmung und Ihr Verhalten werden durch Ihre Gedanken gelenkt.

8. Jeder Tag zählt.
Vor dem Fernseher sitzen, statt Freunde zu treffen, das »letzte« Buttercroissant, nur noch einmal fremde E-Mails lesen. Einmal ist immer. Beginnen Sie lieber heute mit einem besseren Leben.

III. Ich arbeite gern!

Mein Klient ist im Management eines internationalen Auto-mobilunternehmens. Als Dienstleister beherrschen Fristen sei-nen Alltag, die Kunden agieren weltweit, die Mitarbeiterdecke ist seit Jahren zu dünn. Alle sind erschöpft und angespannt. Er ist in einem Teufelskreis aus immer mehr Anstrengung und immer weniger Erfolg angekommen und überlegt, ob er zum Arzt gehen muss, um für eine Weile auszusteigen, bevor sein Unternehmen durch seine schlechteren Leistungen im Anse-hen der Kunden Schaden nimmt und er sich seine Gesundheit dauerhaft ruiniert.

Ich kenne meinen Klienten schon länger und habe Zweifel, dass er krankheitswertig erschöpft ist. Wir machen deshalb eine Bestandsaufnahme. Er hatte im Internet einen »Burn-out-Test« gemacht und seine Vermutung dadurch bestätigt be-kommen. Übersehen wird jedoch bei solchen populärwissen-schaftlichen Tests schnell, dass wir eine generelle Tendenz ha-ben, Krankheitssymptome, wenn wir sie lesen, bei uns zu suchen und zu finden.

Wir sammeln also: Wann war er das letzte Mal beim medi-zinischen Checkup, was ist dabei herausgekommen? Vor vier Monaten, alles bestens. Was nimmt er für Symptome wahr: mentale Lustlosigkeit, »Kein Bock«-Stimmung. Mangelnde Energie: immer? Nein, nur im Büro. Beim Sport nicht, mit den Kindern nicht, in den Ferien hat er lange Wanderungen unter-nommen. Er war zwei Wochen mit der Familie im Urlaub und es ging ihm richtig gut. Er geht regelmäßig zum Sport, zur

Physiotherapie für den Rücken und achtet auf eine gute Er-nährung. Er liest viel und hat sich einen neuen Füller für sein persönliches Vergnügen gekauft.

Wir schauen genauer hin, was ihn stört und was er erreichen will. Wir finden heraus, dass er mit seiner Arbeitsleistung un-zufrieden ist, weil er Fristen nicht einhält und nicht die von ihm gewünschte Qualität liefert. Ich frage nach, ob es Beschwerden von Kunden oder Kollegen hinsichtlich der Qualität gibt. Nein, seinen eigenen Ansprüchen wird er nicht mehr gerecht!

Dies ist ein Dilemma, das Menschen, die gern arbeiten und neuen Anforderungen gerecht werden müssen, häufig haben. Der alte Arbeitsstil greift nicht mehr, weil weniger Zeit zur Verfügung steht. Mein Klient kann erkennen, dass sein Perfek-tionismus ihm gerade auf die Füße fällt und er seine Ansprü-che neu definieren muss: »Gut ist gut genug.« Er muss an die-ser Stelle auch lernen, Kollegen oder Mitarbeiter besser einzu-beziehen, da seine hohen Ansprüche dazu führen, dass er viel zu viel selbst macht. Dann kann auch die Freude an der Arbeit wiederkommen.

Arbeiten Sie gern? Auch wenn Sie diese Frage mit Ja beant-worten, dürfen Sie weiterlesen. Denn es gibt immer noch eine Steigerungsmöglichkeit der Leichtigkeit und Freude. Wahr-scheinlich beantworten aber mehr und mehr Menschen diese Frage mit Nein, und so wollen wir in diesem Kapitel die bis-herigen Erkenntnisse zu mehr Genuss und Wohlbefinden bei der Arbeit zusammenführen und vertiefen.

Seit einigen Jahrzehnten schon boomt der Wellnessmarkt. Der Anspruch fit, attraktiv und aktiv zu sein, wurde in den Industrieländern selbstverständlich. Lebensqualität durch Wohlstand war angesagt, mit allen Möglichkeiten für jeden Einzelnen, aber auch neuem Druck, den Ansprüchen zu ge-nügen. Selbstkompetenz wurde immer wichtiger.

Es geht zunehmend darum, sein Leben, seine Arbeit und sein Umfeld selbst zu beeinflussen und sich wohlzufühlen. Neben der Körperkompetenz zum Beispiel für gesundes Essen und Sport brauchen wir emotionale Kompetenz für erfüllte Partnerschaften und Arbeitsbeziehungen sowie Wachstumskompetenz, mit deren Hilfe wir unsere Biografie gestalten und bis ins hohe Alter lernen können.

Die Unternehmen können nicht mehr nur Forderungen an die Bildung und Persönlichkeit ihrer Mitarbeiter stellen, sondern müssen in diese investieren. Je mehr wir zur Wissensgesellschaft werden, umso mehr muss das Wissen und dessen Anwendung in den Köpfen der Mitarbeiter gepflegt werden. Je mehr Persönlichkeit von den Mitarbeitern gefragt ist, umso mehr Möglichkeiten für persönliches Wachstum müssen geboten werden.

Nach der anfänglichen Euphorie – jeder kann alles aus sich machen! – ist etwas mehr Realismus eingezogen. Denn vieles, aber nicht alles ist möglich.

Heute diskutieren wir Fragen wie: Wo hört die Optimierung auf? Muss jeder permanent an sich arbeiten? Heißt »möglich« auch immer »notwendig«? Unsere Ansprüche an uns und andere wachsen, ohne dass es auf diese Fragen schon Antworten gibt. Eine neue Führungskultur ist gefragt, ohne dass sie schon gelebt wird. Frauen wollen und sollen in Führungspositionen und haben noch wenige überzeugende Modelle. Traditionelle Frauen- und Männerrollen in Paarbeziehungen werden abgelehnt, ohne dass es unstrittige Alternativen gibt. Konfliktpotenzial lauert an allen Ecken. Es ist auch ganz klar, dass, wer zu Hause Sorgen hat, diese mit zur Arbeit bringt und umgekehrt. Dieser Teufelskreis kann sich immer weiter hochschaukeln, wenn wir nicht einschreiten und unser Wohlbefinden in allen Lebensbereichen ausrufen.

Hier möchte ich die Positive Psychologie wieder ins Spiel bringen. Wir haben festgestellt, dass

- wir genauso gut oder schlecht arbeiten wie wir uns fühlen,
- wer sich gut fühlt, produktiver ist, sogar bei unangenehmer Arbeit, als jemand, dem es nicht gut geht, bei seiner Lieblingsarbeit,
- gute Gefühle anstecken und negative ausbalancieren,
- glückliche Menschen hilfsbereiter, gesünder und engagierter sind,
- glückliche Menschen von Kunden und Chefs bessere Bewertungen bekommen,
- Kunden bevorzugt dort wiederkommen, wo sie sich wohlfühlen,
- Produkte immer vergleichbarer werden – was in Erinnerung bleibt, ist der Mensch, der sie anbietet, also Sie.

Dies sind nicht nur Untersuchungsergebnisse, die mittels Befragungen erhoben wurden, sondern die im Gehirn nachgewiesen werden können. Dr. Richard Davidson, Psychologe an der Universität Wisconsin/USA, hat gezeigt, dass enthusiastische Menschen aufgrund der Aktivitäten im linken präfrontalen Kortex außerdem noch neugierig und energievoll sind und sich an den kleinen Dingen des Alltags freuen. Ist der rechte präfrontale Kortex aktiv, sind wir nervös, gestresst, ängstlich.

Nun fragen Sie sich sicher, wie man die linke Seite des Gehirns anschalten kann. Bitte erinnern Sie sich, dass sich im Gehirn abbildet, was wir denken und tun. Je häufiger Sie gute Gedanken haben, angenehme Dinge tun, sich entspannen oder meditieren, umso mehr trainieren Sie die linke Seite. Dies kann man bei Mönchen sehr gut nachweisen, die viel Erfahrung mit Meditation haben. Keine Sorge, wir wissen auch, dass bei täglicher Meditationspraxis schon nach drei Wochen Veränderungen in Befinden und Gehirn stattfinden. Wenn Sie sich allerdings immer wieder aufregen und dann in der negativen Stimmung verharren, wird sich auch das im Gehirn abbilden. Inzwischen gibt es ein geflügeltes Wort dafür: Der rechte vordere Gehirnlappen ist der »Jammerlappen«.

Doch nicht nur die neurologischen Strukturen des Gehirns spielen für unser Befinden eine Rolle, sondern auch der schon erwähnte Botenstoff Dopamin. Dr. Richard Depue, Psychologe an der US-amerikanischen Cornell Universität wies nach, dass ein höheres Dopaminniveau zu positiveren Gefühlen führt und es eine Dopaminspur vom linken präfrontalen Kortex zum Emotionszentrum gibt, wo die positiven Emotionen reguliert werden. Dopamin schüttet der Körper aus, wenn wir unsere Komfortzone verlassen, aktiv, neugierig und mutig sind.

20 Strategien für das Wohlbefinden bei der Arbeit

Wir Deutschen zeigen allzu gern auf unsere Arbeit, wenn wir uns gestresst und unwohl fühlen. Drehen wir doch den Spieß einfach um und machen mehr aus dem, was wir haben. Hier finden Sie noch einmal verdichtet die aktuellsten Erkenntnisse und Untersuchungen für mehr Freude an der Arbeit.

1. Sorgen Sie angenehmer für Produktivität.
Menschen, denen es gut geht, leisten gern, sind effizienter und verdienen mehr.

2. Nutzen Sie den Spitzenreiter in Sachen Wohlbefinden.
Von den bekannten fünf Arten des Wohlbefindens, Tätig-
keitswohlbefinden, soziales, finanzielles, physisches und
Gemeinschaftswohlbefinden, hat die Tätigkeit den größten
Einfluss darauf, wie es uns geht.

3. Prüfen Sie Ihre Motivation.
In der TK-Stress-Studie 2012 konnte nachgewiesen werden,
dass »Spaßarbeiter« gegenüber »Broterwerbsarbeitern« weniger erschöpft sind, nämlich jeder vierte statt jeder zweite,
und weniger depressiv, 7 Prozent im Vergleich zu 23 Prozent.

4. Belohnen Sie sich selbst.
Arbeit darf Spaß machen und ist dann keine Pflichterfüllung mehr, für die die Anreize ständig erhöht werden müssen. Wenn die Belohnung die Tätigkeit selbst ist, sei es
durch zufriedene Kunden, Wissenserweiterung oder die
Freude daran, das Beste zu geben, herrscht eine andere Moral und Produktivität. Firmen, denen Selbstbestimmung
wichtig ist, haben eine viermal größere Wachstumsrate und
erwirtschaften ein Drittel mehr.

5. Sehen Sie den Fortschritt bei der Arbeit.
Anerkennung, persönliche Unterstützung und vor allem
Fortschritte sind die wichtigsten Glücksfaktoren bei der Ar-
beit.

8. Nutzen Sie die Erfolgsformel 3:1.
3:1 ist die Formel für Positives zu Negativem, wenn wir gesund und als Team erfolgreich bleiben wollen. Beginnen Sie
Meetings mit positiven Informationen, schreiben Sie Ermutigendes in Ihren Mailabsender.

9. Sehen Sie, was Sie leisten.
Viel zu lange haben wir darauf gewartet, dass uns Kollegen

oder Chefs mal fragen, wie es uns geht, uns loben oder sehen, was wir leisten. Sie werden es nicht tun, solange wir unsere Leistungen nicht selbst anerkennen, wir uns nicht selbst wichtig nehmen.

10. Erwarten Sie das Glück bei der Arbeit.
Überprüfen Sie Ihre Einstellungen. Sind Sie dankbar, dass Sie diese Arbeit haben? Freuen Sie sich, dass Sie dort interessante Menschen treffen? Überall wartet das Wohlbefinden auf uns – wenn wir es treffen wollen und sehen können. Denn um etwas wahrzunehmen, müssen wir es kennen oder erwarten, sonst sehen wir es nicht.

11. Erteilen Sie sich ein Spekulationsverbot.
Die Kollegin grüßt nicht, der Kunde ruft nicht zurück? Schluss mit den Spekulationen über die Ursachen. Sie rauben gute Energie. Bleiben Sie neutral. Was sind wirklich Tatsachen und wo gehen Fantasie und Bewertungen mit Ihnen durch?

12. Legen Sie schwierige Termine auf Dienstag.
Dienstags ist unsere Leistungsfähigkeit am größten. Das sollten Sie öfter nutzen, vor allem für ungeliebte Meetings.

13. Beginnen Sie morgens mit dem größten Brocken.
Statt die unangenehme Aufgabe zu verschieben und dadurch immer größer werden zu lassen, werden Sie stolz und glücklich sein, etwas Großes geschafft zu haben. Das Gehirn belohnt Sie mit einer Extraportion Dopamin, das Sie den ganzen Tag lang produktiver sein lässt.

14. Sehen Sie Erfolge von sich und anderen.
Beginnen Sie Teambesprechungen, das Abendessen oder die Reflektion über den Tag mit Gelungenem, mit Erfolgen.

15. Bringen Sie etwas zu Ende, bevor Sie das nächste anfangen.

Unerledigtes sitzt uns ständig im Genick, egal wie klein oder groß. Das unangenehme Gefühl, nicht genug geschafft zu haben, kommt daher, dass wir so viel anfangen und uns ablenken lassen.

16. Bestimmen Sie Anfang und Ende.

Fangen Sie Meetings und Gespräche pünktlich an und beenden Sie sie rechtzeitig. Effizienz und Freude werden sofort steigen. Testen Sie auch einmal ein Meeting im Stehen und schalten Sie die Telefone aus.

17. Nutzen Sie die Kraft der sich selbst erfüllenden Prophezeiungen.

Arbeiten Sie regelmäßig mit guten Gedanken. Bauen Sie sich einfache Sätze aus optimistischen Absichten, die Sie so häufig wie möglich wiederholen. Etwa: »Ich bekomme Unterstützung und nehme sie an« oder: »Ich stecke meine Kunden mit meinem Optimismus an.«

18. Lächeln Sie mal wieder bei der Arbeit.

Lächeln, selbst wenn uns nicht danach ist, führt zur Stressreduktion und Glücksgefühlen. Dies gilt auch für das sogenannte »unechte« Lächeln, bei dem nur der Mund, nicht die Augen lachen.

19. Verbessern Sie Ihre Arbeit.

Die Positive Psychologie hat erforscht, dass das *Job Crafting* also die Modifizierung der aktuellen Arbeit, eine Möglichkeit ist, damit sie erfüllender wird. Varianten dafür sind: Anzahl, Umfang oder Art der Arbeitsaufgaben zu ändern, die Anzahl und Art der Interaktionen mit anderen oder mentale Bezüge zu ändern. Finden Sie alte oder neue Motive, einen Sinn, wofür das, was Sie tun, gut ist. Dadurch ändern Sie Ihre Perspektiven und können alte Arbeit neu bewerten und erleben.

20. Schaffen Sie nach der Arbeit Abstand.
Sorgen Sie durch mehr Freude und Wohlbefinden bei der Arbeit dafür, dass Sie in einem guten Zustand nach Hause kommen. Gehen Sie einige Schritte zu Fuß, meditieren Sie, hören Sie eine Entspannungs-CD.

Wirtschaftsfaktor Wohlbefinden – warum Unternehmen umdenken müssen

Ein sehr praktischer und simpler Ansatz, mit dem Unternehmen mehr für das Wohlbefinden ihrer Mitarbeiter tun können, ist dieser: Schicken Sie Kranke nach Hause. Das hilft nicht nur den Mitarbeitern, sondern auch dem Unternehmen. Denn: Der sogenannte Präsentismus, der Kult der ständigen Anwesenheit, ist richtig teuer. Wenn Kranke zur Arbeit kommen, schlägt das mit 2400 Euro pro Mitarbeiter zu Buche. Fehlzeiten kranker Mitarbeiter kosten dagegen nur 1200 EUR. Der Schaden, der dabei entsteht, liegt bei etwa 225 Milliarden Euro im Jahr in Deutschland. Also ran an das Wohlbefinden!

Welches strategische Konzept verfolgen Sie mit Investitionen in Ihrem Unternehmen? Investieren Sie das Geld in Hard- und Software, Kundenevents oder in Ihre Mitarbeiter? Tendenziell stehen bei den meisten Unternehmen die Kunden im Mittelpunkt der Aufmerksamkeit. Ich möchte Sie ermutigen, noch einen Schritt weiterzugehen. Denn niemand macht kostengünstigere und wirkungsvollere Reklame als Mitarbeiter, die sich bei Ihnen wohlfühlen, gut über Sie reden und das gegenüber Ihren Kunden ausstrahlen.

Sehen wir den Tatsachen ins Auge. Auf dem Weg zu attraktiven Unternehmenskennzahlen ist der Gegenwind schärfer geworden. Überangebot, ausgebrannte Führungsetagen ohne Träume, unengagierte Mitarbeiter. In den letzten Jahren wurde meist nur mit Sparmaßnahmen, situativen »Feuerlöschaktionen«, verlängerten Arbeitszeiten und Druckerhöhung auf die Marktentwicklung reagiert.

In allen Marktsegmenten tobt der Kampf um die Kunden. Kundengewinnung wird über teure Anzeigen, Preiskämpfe, Sommerfeste, Geschenke und Weihnachtskarten abgewickelt, und alle Unternehmen machen mehr oder weniger lustlos dasselbe. Die Folge: Der Kunde braucht immer weniger von dem, womit er umworben wird, und ist satt. Wenn die Produkte und Angebote immer weniger unterscheidbar sind und nicht mehr faszinieren, können es nur Menschen tun. Nach einer Umfrage der DPM Marktforschung wechseln Kunden zu 38,2 Prozent wegen Unfreundlichkeit und zu 11 Prozent wegen schlechter Laune und Lustlosigkeit der Unternehmensmitarbeiter. Da helfen kein Telefontraining und auch keine Verkaufsschulung. Ihre Mitarbeiter sollten frisch, gesund und motiviert *sein* und nicht nur so tun.

Zu dumm, dass die meisten Unternehmen dieses Potenzial noch nicht erkannt haben. Der Schaden, der der Wirtschaft durch unengagierte Mitarbeiter entsteht, wird auf mehrere Hundert Milliarden Euro jährlich geschätzt. Andererseits wären die meisten Arbeitnehmer bereit, sich mehr für den Job zu engagieren, wenn der Arbeitgeber in ihre Gesundheit investieren würde. Ihr Nutzen? Mitarbeiter sind weniger krank, motivierter, leistungsfähiger; die Produktivität wird nachweisbar gesteigert, und zwar in dem Maße, wie die Motivation der Mitarbeiter steigt. Die Verbesserung des Betriebsklimas und weniger Fluktuation sind weitere angenehme Effekte.

Der Fachkräftemangel führt dazu, dass qualifizierte Mitarbeiter zwischen mehreren Unternehmen wählen können. So spielt der gute Ruf des Arbeitgebers eine immer größere Rolle. Hinzu kommt, dass wir längere Lebensarbeitszeiten erwarten und ausgepowerte Mitarbeiter nicht mehr einfach ausgetauscht werden können.

Das Ringen um die Gesundheit der Mitarbeiter wird unsere Gesellschaft so nachhaltig verändern, wie wir es uns heute noch kaum vorstellen können. Egal ob Sie gesunde Getränke für Ihre Mitarbeiter zur Verfügung stellen, Ernährungscoachings, Anti-Stress-Seminare, Lauftraining oder Arbeitsplatzanalysen anbieten, die Möglichkeiten sind vielfältig. Produktmarketing ist selbstverständlich. Wohlbefinden hingegen zieht an wie ein Magnet: Das Unternehmen läuft nicht länger den Kunden hinterher, sondern diese kommen von alleine. Ihre Mitarbeiter werden Ihre Firma erfolgreich machen – oder auch nicht. Denn: Ein Unternehmen ist so gesund und leistungsfähig wie die Menschen in ihm.

Ein kleiner Tipp noch in Sachen Urlaub. Prof. Sabine Sonnentag ist Arbeits- und Organisationspsychologin an der Uni Konstanz und hat mit der alten Regel aufgeräumt, dass der Urlaubseffekt umso größer sei, je länger wir Urlaub haben. Es ist demnach egal, ob wir zwei, drei oder vier Wochen weg sind, nach vier Wochen spätestens ist der Urlaubseffekt weg. Ihre Empfehlung ist daher, lieber häufigere und kürzere Auszeiten zu nehmen. Tun Sie etwas völlig anderes und schalten Sie ab: Gedanken an die Arbeit, Handy und E-Mails. Die Flucht aus dem Alltäglichen ist der Schlüssel zur Erholung, egal ob eher aktiv oder passiv.

Führen Sie durch Vorbild

Jeder, insbesondere jedoch Führungskräfte, ist durch das eigene Verhalten und Auftreten ein Modell für andere. Leben Sie, was Sie sagen? Sind Sie guter Dinge? Stehen Sie hinter dem Unternehmen und den Produkten? Wenn ein Geschäftsführer mit den Gewerkschaften über Mindestpausenzeiten verhandelt und selbst keine macht oder sich über Kunden mokiert, sind das die falschen Signale.

Hören Sie auf damit, andere zu motivieren – das kann niemand –, und versuchen Sie es mal mit ehrlicher Ermutigung. Wenn jemand zum Beispiel dafür, dass er etwas mit Interesse oder Freude tut, »belohnt« wird, wird er es weniger und weniger gern tun und aufhören, sobald die Belohnung ausbleibt. Ein Klima der Ermutigung zur Selbstfürsorge, des Einsatzes von Talenten und des kultivierten Umgangs miteinander kostet kein Geld und führt dazu, dass Menschen sich wohlfühlen und produktiver sind.

Menschen können das, was man ihnen zutraut. Es gibt eine Weisheit, die sagt: »Egal ob du glaubst, du schaffst es oder du schaffst es nicht, du wirst immer recht haben.« Sehen Sie das Gelungene, die ersten Schritte in die richtige Richtung. Konzentrieren Sie sich bei Jahresgesprächen auf das Mögliche. Gleichen Sie schwierige Zeiten aus. Egal ob Sie Vorgesetzte, Mitarbeiter oder selbstständig sind. Keiner kann endlos investieren. Die Forschungsergebnisse der Positiven Psychologie zeigen, wie schon erwähnt, dass das Verhältnis von positiven zu negativen Momenten im Alltag 3:1 sein muss, damit Menschen sich dauerhaft wohlfühlen. Gleiches gilt für den langfristigen Erfolg von Teams. Es gilt, die guten Dinge des Arbeitsalltags wahrzunehmen, zu benennen und zu fördern.

Balance heißt Selbstbeachtung

Wollen Sie beruflich erfolgreich und gesellschaftlich engagiert sein, viel Geld verdienen, einen guten Ruf haben, Freunde um sich wissen, eine glückliche Familie erleben, und das bei bester Leistungsfähigkeit und Gesundheit?

Dann mag es sein, dass Sie das modern gewordene »Alles haben Wollen«-Syndrom plagt. In der Praxis können diese Ansprüche Sie leicht aus der Bahn werfen, denn der Alltag entspricht allzu oft nicht den eigenen Wünschen. Das ausgewogene Verhältnis von Karriere, Erholung, Sorge um andere und Raum für sich selbst, das mit dem Begriff Work-Life-Balance umschrieben wird, ist scheinbar selten zu erreichen. Immer mehr Menschen verlieren durch den Beruf das seelische Gleichgewicht. Tempo, wachsende Arbeitsdichte, Informationsüberflutung, die Forderung nach Anpassungsfähigkeit und Mobilität führen viele Menschen in die Erschöpfung, zu Gewichtsproblemen, körperlichen Beschwerden bis hin zur Depression. Die Weltgesundheitsorganisation hat beispielsweise festgestellt, dass die Depression im Jahr 2030 die Krankheit sein wird, die die Menschen nach Aids am meisten trifft.

Eine Bestandsaufnahme kann eine gute Ausgangssituation für die Prävention sein. Sind Sie zum Beispiel gefährdet, arbeitssüchtig zu werden? Finden Sie es heraus.

- Haben Sie das Gefühl, ohne Sie läuft es schlechter oder gar nicht?
- Melden Sie sich regelmäßig aus dem Urlaub am Arbeitsplatz?
- Kommen Sie manchmal zu spät nach Hause oder zu Treffen mit Freunden, weil Sie noch gearbeitet haben?

- Lassen Sie das Mittagessen ausfallen, arbeiten Sie auch, wenn Sie krank sind?

Falls Sie öfter genickt haben, brauchen Sie einen neuen Plan. Ein erster Schritt könnten feste Pausenzeiten sein. Suchen Sie sich Verbündete, zum Beispiel Kollegen, Partner oder Freunde, die Sie ans Essen, Trinken und ans Arbeitsende erinnern. Entdecken Sie wieder, was Sie früher in Ihrer Freizeit gern getan haben. Sport treiben, saunieren, etwas sammeln, Musik hören? Planen Sie feste Zeiten dafür und für sich selbst in Ihrem Kalender ein, die unantastbar sind. Führen Sie ein Tagebuch über Ihre Zeitfresser. Enttarnen hilft dabei, die Dinge zu verändern. Schreiben Sie alle Aufgaben, Funktionen und Verpflichtungen auf und prüfen Sie, welche Sie davon abgeben können. Oft ist aus einem einstigen Interesse eine Gewohnheit ohne Freude geworden. Dann ist es Zeit, etwas zu ändern. Machen Sie eine Prioritätenliste. Was ist für Sie in allen Bereichen Ihres Lebens wichtig? Schreiben Sie dazu, wie viel Zeit Sie dafür zu Verfügung haben. Stimmt die Bilanz oder bekommt ein Thema, wie zum Beispiel die Arbeit, zu viel Gewicht? Was können Sie ändern? Entwerfen Sie eine Vision, was Sie heute, nächsten Monat und in einem Jahr geändert haben werden. Schreiben Sie dies auf. Schriftliche Ziele werden besser erreicht.

Sie können an keine Veränderung glauben? Der Druck ist zu groß, Sie haben keine Hilfe, Sie wissen nicht, wo anfangen? Dann stellen Sie sich die Powerfrage: Würde ich so leben, wie ich es tue, wenn ich nur noch ein Jahr zu leben hätte? Das ist hart? Ja, und so finden Sie ganz schnell heraus, was wirklich wichtig für Sie ist, und denken daran, dass die Lebenszeit läuft.

1. Definieren Sie Ziele, die Ihnen Spaß machen.
Ihr Gehirn liebt positive Emotionen und wird Sie bei solchen Vorhaben automatisch unterstützen.

2. Machen Sie sich Unternehmensziele selbst zu eigen.
Finden Sie spielerische oder sportlich ehrgeizige Aspekte in fremden Zielen, verstehen Sie die Bedeutung der Ziele für das Unternehmen, sehen Sie Lernchancen.

3. Sprechen Sie mit sich selbst.
Und zwar ermutigend! »Das wird schon«, »Ich habe schon ganz anderes geschafft« – solche Sätze helfen in kniffligen Situationen weiter.

4. Verabschieden Sie das »Müssen« aus Ihrem Leben.
Tun Sie mehr von dem, was Sie wollen, und ändern Sie notfalls die Perspektive.

5. Behandeln Sie sich so, wie Sie von anderen behandelt werden wollen.
Das kostet nichts außer Aufmerksamkeit und bringt Energie und Zufriedenheit.

6. Nehmen Sie sich wichtig.
Wer sollte es sonst tun? Ein guter Bildschirm, bequemes Reisen, Pausen, regelmäßig essen, eine schöne Umgebung, Rückenschule und so weiter. Sie können sich überall selbst einbringen.

7. Drücken Sie Ihre Dankbarkeit aus.
Sprechen Sie Kunden und Mitarbeitern Ihre Dankbarkeit täglich aus.

8. Umgeben Sie sich mit guten Gedanken.
Starten Sie früh mit Gedankenhygiene. Meditieren Sie, hören, lesen und schreiben Sie gute Gedanken. Ja, gute Nachrichten auf Spiegeln sind ein bisschen lächerlich, doch sie wirken.

9. Starten Sie Aufwärtsspiralen.
Teilen Sie gute Nachrichten mit vielen Menschen, beginnen Sie Teammeetings mit Erfolgsnachrichten, schreiben Sie Nettigkeiten in den Absender Ihrer E-Mails. Gute Gefühle ziehen weitere nach sich.

Plädoyer für den Montagmorgen

Genau genommen beginnt alles am Sonntagabend. Der erste Seufzer »Ach, morgen ist alles wieder vorbei«, ein wenig Unruhe, vielleicht sogar Sorge, was die neue Arbeitswoche bringen mag. Viele Menschen schlafen in der Nacht zum Montag schlechter. Und dann ist er da. Der Montagmorgen. Oft verbunden mit Müdigkeit, schlechter Laune und Hektik. Nicht umsonst werden Produkte, die Fehler haben, in der Umgangssprache als »Montagsware« bezeichnet.

Geht es Ihnen auch so? Soll das so bleiben? Ist das das Beste für Sie? Immerhin ist jeder Montag ein wertvoller Tag Ihres Lebens. Man sagt ja: »Eine Minute geärgert sind 60 verlorene Sekunden Glück«. Ein Montag hätte dann 86 400 Sekunden Glückspotenzial.

Unser Körper funktioniert in Rhythmen und Zyklen. Rituale sind ein schönes Beispiel, wie wir uns das Leben leichter machen können, indem wir diese Rhythmen nutzen. Sie geben Struktur und Ordnung in einer hektischen Zeit. Körper und Seele stellen sich darauf ein. Hier kommen wir zum ersten Montagmorgenproblem. Am Wochenende wird oft länger geschlafen, das Frühstück fällt aus und wir gehen später zu Bett. Auch wenn Sie es sich nicht vorstellen mögen, es ist leichter, jeden Tag, auch sonntags, um 6:30 Uhr aufzustehen, als sich ständig umzugewöhnen. Sind Sie montags am Morgen müde, sollten Sie sonntags eher ins Bett gehen. Einmal pro Woche vor 22 Uhr ist sowieso eine Faustregel für Gesundheit. Der Erfolg wird Ihnen recht geben.

Etablieren Sie ein Montagmorgenritual, auf das Sie sich schon am Sonntag freuen können. Zum Beispiel eine ruhige Tasse Tee. Einen entspannten Blick in die Zeitung. Apropos Ruhe: So, wie Sie den Tag beginnen, so wird er verlaufen. Oft springen wir montags auf den letzten Drücker aus dem Bett und müssen uns dann hetzen. Ihr Körper wird es Ihnen danken, wenn Sie sich Zeit nehmen für eine bewusste Körperpflege oder ein genussvolles Frühstück. Nutzen Sie aktivierende Düfte wie Minze oder Zitrus. Es gibt inzwischen auch Schokolade zum Riechen. Hören Sie im Auto Ihre Lieblingsmusik. Wecken Sie den Körper mit frischer Luft, Wechselduschen, Power-Yoga oder zehn Minuten Schütteln des Körpers – eine der effektivsten Übungen aus dem Tai-Chi, die ich kenne. Vorsicht mit Koffein, oft folgen Gereiztheit und Nervosität. Wenn Sie nicht darauf verzichten wollen, wählen Sie lieber grünen Tee, Guarana oder selbst zubeiteten Kakao. Ist die Welt mal gar zu »grau«, hilft eine Extraportion Sonne – real oder als Sonnenperlen (www.nuhrovia.com).

Frühstücken Sie nach Hunger und Appetit. Ein eiweißreiches Frühstück bringt Kraft und sättigt. Meine Lieblingsvarianten sind Naturjoghurt mit Beeren, Nüssen und Olivenöl oder das südamerikanische Korn Quinoa mit

Schlagsahne und Aprikosen. Aber auch ein kräftiges Rührei tut gute Dienste. Wenn Sie manchmal etwas dünnhäutig sind, fehlt wahrscheinlich Fett im Essen. Nutzen Sie dann häufiger Nüsse, Schlagsahne oder dunkle Schokolade. Da wir gerade über Essen sprechen, sollten wir auch noch daran denken, dass die Abendmahlzeit natürlich auch unser Befinden am Morgen bestimmt. Vielleicht greifen auch Sie am Wochenende etwas zu üppig zu, essen abends später und trinken mehr Alkohol? All diese Faktoren lassen uns schlechter schlafen.

Die Montagmorgenstimmung beginnt im Kopf. Denn dort entscheiden Sie, was Ihnen Spaß macht, wozu Sie sich zwingen, wie Sie jede Situation Ihres Lebens bewerten. Er-innern Sie sich: Es gibt zwei Tage, über die es sinnlos ist, sich Gedanken zu machen: gestern und morgen. Leben Sie im Augenblick. Das bringt immer Freude und verhindert Stress. Was gestern war, können Sie nicht mehr ändern, was morgen sein wird, weiß niemand. Wozu also Energie ver-schwenden? Dies gilt ganz besonders für den Sonntag-abend. Genießen Sie ihn, konzentrieren Sie sich auf das, was Sie erleben, statt schon an das Morgengrauen zu denken.

Was gefällt Ihnen an Ihrer Arbeit? Finden Sie so viele an-genehme Seiten an dem, was Sie tun, dass Sie sagen können: »Ich will heute arbeiten gehen.« Selbst wenn der einzige Grund ihr Gehalt ist, dann geht es dabei doch auch um den Kredit für Haus, Auto oder Reise. Sie wollen, dass Ihre Kin-der eine besondere Ausbildung bekommen, und so weiter.

Starten Sie mit Montagsvorfreude in den Tag. Denken Sie an das, was Ihnen Schönes begegnen wird – ein netter Plausch, Ihr neuer Computer, ein Erfolg mit Kunden; Kon-zentration auf das Wesentliche dank guter Vorbereitung.

Letzteres hilft Ihnen ganz besonders, sonntags ruhig zu schlafen. Beenden Sie die Woche am Freitag mit einem

Überblick über die nächste. Dies betrifft die Arbeit, aber auch Ihre private Zeit. Was ist zu erledigen und an welchem Tag wollen Sie das tun? Täglich schließen Sie ihre Arbeit mit einer Liste für den kommenden Tag. Ich nutze die »35 000-Dollar-Liste« von Mary Kay Ash, eine der erfolgreichsten Unternehmerinnen Amerikas. Der Name kommt daher, dass ein Unternehmer mit dieser Technik so viel Erfolg hatte, dass er diesen Betrag für die Idee zahlte.

Die 35 000-Dollar-Liste

Schreiben Sie sechs Dinge auf, die Sie morgen beziehungsweise am Montag in jedem Fall erledigen wollen. Nummerieren Sie diese nach Wichtigkeit und starten Sie morgens mit Nummer eins. Streichen Sie das Erledigte mit Freude durch. Das ist alles. Sobald Sie etwas aufschreiben, entlasten Sie Ihr Gedächtnis und Ihr Gehirn beginnt schon mit der Lösungssuche. Sie trainieren, realistisch zu sein und nehmen sich nicht zu viel vor. Außerdem planen Sie Ihre Arbeit wie Ihren Urlaub – mit Begeisterung.

Lassen Sie Ihre Stimmung nicht von Situationen, Menschen, Dingen oder dem Wetter bestimmen. Die Notfallmedizin für ganz unangenehme Situationen: Denken oder schreiben Sie den Satz »Das geht vorbei, vorbei, vorbei«.

Sorgen Sie gut für sich, Sie sind der Einzige, der dafür zuständig ist. Fragen Sie sich täglich, was Sie für sich tun können, damit es Ihnen sofort gut geht. Ein Stück dunkle Schokolade ist immer hilfreich. Genauso Ihr Lächeln. Dann ist jeder Tag ein Sonn(en)tag.

IV. Die besten Tipps auf einen Blick

Das Beste des Besten, hier kommt es. Ich habe meine Lieblingstipps zusammengefasst. Wenn Ihnen all die vorherigen Ideen zu viel sind, fangen Sie einfach hier an. Die Selektionskriterien waren Wirksamkeit, schnelle Erfolge und Spaß bei der Umsetzung.

1. Sorgen Sie besser für sich.
Je besser es Ihnen geht, umso leichter sind gute Zustände wie Optimismus, Lebensfreude, Wohlbefinden.

2. Erwarten Sie das Glück bei der Arbeit.
Überall wartet das Wohlbefinden auf uns – wenn wir es treffen wollen und sehen können. Denn um etwas wahrzunehmen, müssen wir es kennen oder erwarten, sonst sehen wir es nicht.

3. Beginnen Sie den Tag mit etwas, was Ihnen guttut.
Kerze, Bad, Musik, egal was, so wie der Morgen ist, wird der Tag. Ruhig und mit Bewusstsein für sich oder gehetzt und im Außen.

4. Machen Sie es sich leichter.
Schaffen Sie sich Arbeitsbedingungen, die Ihnen guttun. Nutzen Sie Spielräume in Arbeitszeiten, Hausarbeitszeiten, machen Sie es sich einfach schön. Irgendetwas geht immer!

5. Schaffen Sie nach der Arbeit Abstand.
Geben Sie die Illusion auf, wir könnten Arbeit und Privat-

leben trennen. Sorgen Sie lieber dafür, dass Sie in einem guten Zustand nach Hause kommen.

6. Pflegen Sie Ihr Gehirn.

Halten Sie sich fern von negativen Menschen, Klatsch, Tratsch und negativer Berichterstattung. Sie können immer selbst bestimmen, wie viel Zeit Sie dafür investieren.

7. Ärgern Sie sich maximal drei Minuten.

Sie bestimmen, wofür Sie Ihren Kopf und Ihr Herz hergeben. Sagen Sie »Stopp« und wenden Sie sich dann gedanklich sinnvolleren Dingen zu. Nehmen Sie eine Uhr zu Hilfe.

8. 100 Schritte der Dankbarkeit.

Sagen Sie immer wieder einmal 100 Schritte lang innerlich »Danke«, irgendwo auf der Straße, beim Sport, beim Gang durchs Büro.

9. Schlafen Sie nachts gut und ausreichend.

Stress wird abgebaut und wichtige Hormone aufgebaut. Bei Schlafdefizit hilft auch ein kurzer, intensiver Mittagsschlaf. Wenn Sie nicht schlafen können, holen Sie sich Hilfe. Lavendel auf dem Kopfkissen, Milch mit Honig, Bachblüten (zum Beispiel Notfalltropfen).

10. Bewegen Sie Ihren Körper, beruhigen Sie Ihren Geist.

Bewegen Sie sich, wo immer Sie können, und sei es, die Treppe im Büro hoch- und runterzulaufen, wenn der Stress Sie im Griff hat. Trainieren Sie eine Sportart, die wirklich Spaß macht. Lernen Sie Techniken, Ihren Geist zu beruhigen, wie die »Liebende-Güte-Meditation«, »Quantenheilung« oder »Body-Scan«.

11. Nutzen Sie die Erfolgsformel 3:1.

3:1 ist die Formel für Positives zu Negativem, wenn wir gesund und als Team erfolgreich bleiben wollen. Beginnen Sie

Meetings mit positiven Informationen, schreiben Sie Ermutigendes in Ihren Mailabsender.

12. Sehen Sie, was Sie leisten.

Viel zu lange haben wir darauf gewartet, dass uns Kollegen oder Chefs mal fragen, wie es uns geht, uns loben oder sehen, was wir leisten. Sie werden es nicht tun, solange wir unsere Leistungen nicht selbst anerkennen und uns nicht selbst wichtig nehmen.

Jeder Tag zählt!
Beginnen Sie heute ein besseres Leben.

Epilog: Die neue Lust auf Leistung

Ich freue mich, wenn ich Sie dafür gewinnen konnte, Ihre Arbeit mit der Brille des Wohlwollens und der Chancen zu betrachten. Es ist kaum vorstellbar, welche wirtschaftlichen Perspektiven sich künftig ergeben, wenn wir nur ansatzweise auf die Schokoladenseite der Arbeit wechseln. Wenn wir statt auf Überforderung und unangenehme Mühe auf unsere Stärken und unser Wohlbefinden setzen.

Schon jetzt haben wir doch vieles, das wir durch unsere Arbeit gewinnen. Welche angenehmen Überraschungen hält das Arbeitsleben erst für uns bereit, wenn wir uns wagen zu leben, was wir längst wissen: Wir arbeiten so gut, wie wir uns fühlen.

Die junge Generation, die ins Arbeitsleben einsteigt, macht es uns schon vor. Ihre Wertevorstellungen haben sich geändert und die Fragen nach Freizeit, Weiterbildung, Auszeiten und netten Kollegen sind so wichtig wie das Gehalt. Auch wenn wir uns erst einmal daran gewöhnen müssen, der Anspruch, Freude bei der Arbeit und in der Arbeitsumgebung zu haben, persönliche Kontakte zu pflegen und dafür die Arbeit pünktlich abzuschließen, ist einfach vernünftig. Wir sind eben keine Maschinen, aus denen man das Letzte herausholen kann und die man dann wegwirft. Wir sind großartige Konstruktionen der Natur, deren Potenziale Menschlichkeit und Genussfähigkeit sind.

Unsere Leistungsfähigkeit wird sich von ganz allein potenzieren, und wir werden wahrscheinlich gar keine Diskussion mehr darüber führen, welches Rentenalter angemessen ist, weil wir uns ein Leben ohne die Freude an unserer Arbeit so wenig vorstellen können wie ein Leben ohne Schokolade. Irgendwo las ich mal den Spruch »Ein Leben ohne Schokolade ist zwar möglich, aber sinnlos«. Wird das bei unserer Arbeit auch einmal so sein?

Für mich ist es jetzt schon so. Ich bin mir sicher, dass Sie, auch wenn ich achtzig bin, von mir lesen und hören werden, so erfüllend, so wichtig und so lecker finde ich das, was ich tue. Sobald Sie auch sagen können, dass kein Lottogewinn Sie von Ihrer Arbeit abhalten kann, sind Sie auf der Schokoladenseite der Arbeit angekommen. Wenn in Umfragen künftig nicht mehr das Essen sondern die Arbeit als Genussidee Nummer eins genannt wird, dann ist ein neues Zeitalter angebrochen.

Konnte ich einen Beitrag dazu leisten, dass es Ihnen schon bald ähnlich geht, so freue ich mich sehr.

Ich danke allen Menschen, die mir erlaubt haben, von und mit ihnen zu lernen, und die meine Arbeit unterstützen.

Genießen Sie Ihr Leben und Ihre Arbeit.
Alles Gute wünscht
Ilona Bürgel

Literatur

Aldenhoff, Kerstin: Tee trinken, Lachyoga, Power-Napping – Tipps zum Stress abbauen, http://suite101.de/article/tipps-zum-stress-abbauen-tee-trinken-lachyoga-power-napping-a105687, aufgerufen am 09.09. 2013

Ash, Mary Kay: The Mary Kay Way, Timeless Principles from America's Greatest Woman Entrepreneur. John Wiley & Sons, Inc., Hoboken 2008

Ash, Mary Kay: Wunder geschehen. Mary Kay Cosmetics GmbH, München 2008

Bakker, Arnold B.; Euwema, Martin C.; van Emmerik, Hetty: Crossover of Burnout and Engagement in Work Teams. In: Work and Occupations, Vol. 33, No. 4, 2006, Sage Publications, http://wox.sagepub.com

Bakker, Arnold B.: The Crossover of Burnout and its Relation to Partner Health. In: Stress and Health 25, 2009, www.interscience.wiley.com

Bakker, Arnold B.; Demerouti, Evangelia; Schaufeli, Wilmar B.: The Crossover of Burnout and Work Engagement among Working Couples. In: Human Relations, Vol. 58, No. 5, 2005, Sage Publications, http://hum.sagepub.com

Baumeister, Roy; Tierney, John: Die Macht der Disziplin. Wie wir unseren Willen trainieren können. Campus Verlag, Frankfurt/New York 2012

Binswanger, Mathias: Die Tretmühlen des Glücks, Wir haben immer mehr und werden nicht glücklicher. Was können wir tun? Herder Spektrum, Freiburg 2008

Biswas-Diener, Robert; Dean, Ben: Positive Psychology Coaching. Putting the Science of Happiness to Work for Your Clients. John Wiley & Sons Inc., Hoboken 2007

Bock, Petra: Mindfuck. Warum wir uns selbst sabotieren und was wir dagegen tun können. Knaur Verlag, München 2011

Boehm, Julia; Kubzansky, Laura: Optimism May Help Protect Heart, http://www.medicalnewstoday.com/articles/244214.php, aufgerufen am 18.12.2013

Booz and Company: Vorteil Vorsorge – Die Rolle der betrieblichen Prävention für die Zukunftsfähigkeit des Wirtschaftsstandortes Deutschland, Studie für die Felix-Burda-Stiftung, 2011

Bormans, Leo (Hg.): Glück – The World Book of Happiness. Dumont Buchverlag, Köln 2011

Buchhorn, Eva; Kröher, Michael O. R.; Werle, Klaus: Burnout: Stilles Drama. In: manager magazin 6/2012

Bürgel, Ilona: Der Referentenkompass. Schnell und effizient zum perfekten Redner für Ihre Veranstaltung. Book on Demand, 2012

Byrne, Rhonda: The Magic. MensSana bei Knaur, München 2012

DAK-Gesundheitsreport 2013, erstellt durch das IGES Institut GmbH, www.presse.dak.de

De Bloom, Jessica et al.: Do We Recover from Vacation? Meta-Analysis of Vacation Effects on Health and Well-Being, Journal of Occupational Health, Vol. 51, No. 13, 2009

Delle Fave, Antonella: The Multifaceted Interaction Between Health & Well-Being, in: M.D. IPPA Newsletter, Vol. 6, Issue 1, 2013

Depue, Richard: Dopamin, in: Journal of Personality and Social Psychology, Vol. 90, No. 4, 2006

Diener, Ed; Chan, Micaela Y.: Happy People Live Longer. Subjective Well-Being Contributes to Health and Longevity, in: Applied Psychology: Health and Well-Being, Vol. 3, No. 1, 2011

Emmons, Robert: Why Gratitude is Good, http://greatergood.berkeley.edu/article/item/why_gratitude_is_good, aufgerufen am 28.10.2013

Ettel, Anja; Wüpper, Gesche: So (un)glücklich ist Europa, in: Die Welt kompakt, http://www.welt.de/print/welt_kompakt/print_wirtschaft/article 118188682/So-un-gluecklich-ist-Europa.html, aufgerufen am 28.10.2013

Ferriss, Timothy: Die 4-Stunden-Woche. Ullstein, Berlin 2011

Fredrickson, Barbara: Die Macht der guten Gefühle. Wie eine positive Haltung Ihr Leben dauerhaft verändert. Campus Verlag, Frankfurt/New York 2011

Friedmann, Howard; Martin, Leslie: The Longevity Project. Surprising Discoveries for Health and Long Life from the Landmark Eight-Decade Study. Plume, New York 2012

Götz, Lissy: Und am Ende steht Freiheit. Helfen Sie sich selbst! Eigenverlag, Bad Dürrheim 2011

Haas, Oliver: Corporate Happiness als Führungssystem. Glückliche Menschen leisten gerne mehr. Erich Schmidt Verlag, Berlin 2010

Hahnzog, Simon; Kraus, Charlotte: »Burnout?« – »Nein, danke. Ich hab schon.« Wie die Präsenz von Burnout die Einschätzung unserer Gesundheit beeinflusst. In: Journal of Business and Media Psychology, Vol. 3, No. 2, 2012

Harter, Jim; Rath, Tom: Wellbeing. The Five Essential Elements. Gallup, New York 2010

Hay, Louise L.: Wahre Kraft kommt von innen. Allegria, Berlin 2010

Haynes, John-Dylan: Hirngespinst Willensfreiheit, Interview in: Gehirn und Geist 1/2013

Headey, Bruce; Muffels, Ruud; Wagner, Gert G.: Choices which Change

Life Satisfaction. Similar Results for Australia, Britain and Germany, Deutsches Institut für Wirtschaftsforschung. SOEPpapers, Berlin 2011

Health@work: Die Wirkung von Kurzpausen am Arbeitsplatz im Hinblick auf Arbeitsbewältigung und Zufriedenheit, http://www.stresscoach.at/biofeedback_grundlagen/ artikel_kurzpausen.pdf, aufgerufen am 18.12.2013

Heidenberger, Burkhard: Narzissten können mit Stress besser umgehen, http://www.zeitblueten.com/news/narzissten-stress/, aufgerufen am 09.09.2013

Hüther, Gerald: Was wir sind und was wir sein könnten. Ein neurobiologischer Mutmacher. S. Fischer Verlag, Frankfurt 2011

Johnson, Spencer; Mietzner, Lieselotte: Eine Minute für mich. rororo, Reinbek 2002

Kiecolt-Glaser, Janice: Streit von Paaren verdoppelt Heilungszeit, in: Psykologi 8/2012

Killingsworth, Matthew: Wandering Mind not a Happy Mind, http://news.harvard.edu/gazette/story/2010/11/wandering-mind-not-a-happy-mind/, aufgerufen am 18.12.2013

Kinslow, Frank: Quanten-Heilung im Alltag. Übungen für Gesundheit, Freizeit und Beruf. VAK Verlags-GmbH, Kirchzarten 2010

Kinslow, Frank: Quanten-Heilung erleben. Wie die Methode konkret funktioniert – in jeder Situation. VAK Verlags-GmbH, Kirchzarten 2010

Kringelbach, Morten L.; Berridge, Kent: Building a Neuroscience of Pleasure and Well-Being, in: Psychology of Well-Being: Theory, Research and Practice, Vol. 1, No. 3, 2011

Kringelbach, Morten L.; Berridge, Kent: The Functional Neuroanatomy of Pleasure and Happiness, in: Discovery Medicine, Vol. 9, No. 49, 2010

Kury, Patrick: Früher fuhr man zur Kur, heute optimiert man sich, in: managerSeminare, Heft 178, 2013

Lerner, Jennifer: Trübsinn macht kurzsichtig, in: managerSeminare, Heft 178, 2012

Lipton, Bruce H.: The Honeymoon Effect. The Science of Creating Heaven on Earth. Hay House Inc. Carlsbad, California/New York City/London 2013

Lohmann-Haislah, Andrea: Stressreport Deutschland 2012, Psychische Anforderungen, Ressourcen und Befinden. Hg.: Bundesanstalt für Arbeitsschutz und Arbeitsmedizin, Dortmund/Berlin/Dresden 2012

Lykken, David; Tellegen, Auke: Happiness is a Stochastic Phenomen, in: Psychological Science, Vol. 7, No. 3, 1996

Lyubomirski, Sonja; King, Laura; Diener, Ed: The benefits of frequent positive affects. Does happiness lead to success? In: American Psychology Ass. Psychological Bulletin, Vol. 131, No. 6, 2005

174

Lyubomirsky, Sonja; Sousa, Lorie; Dickerhoof, Rene: The Costs and Benefits of Writing, Talking, and Thinking About Life's Triumphs and Defeats, in: Journal of Personality and Social Psychology, Vol. 90, No. 4, 2006

Lyubomirsky, Sonja; Dickerhoof, Rene; Boehm, Julia; Sheldon, Kennon M.: Becoming Happier Takes Both a Will and a Proper Way: An Experimental Longitudinal Intervention to Boost Well-Being (Abstract), in: Emotion, Vol. 11, No. 2, 2011

Marquardt, Matthias: InstinktFormel®. Das Erfolgsprogramm, das Sie wirklich glücklich macht. Südwest Verlag, München 2012

Mohr, Bärbel; Mohr, Manfred: Das Wunder der Selbstliebe. Der geheime Schlüssel zum Öffnen aller Türen. Hörbuch. audio media verlag, München 2011

Mohr, Manfred: Das kleine Buch vom Hoppen – Den Weg des Herzens gehen mit Hooponopono. Schirner, Darmstadt 2013

Pennebaker, James W.: Opening Up. The Healing Power of Expressing Emotions. The Guilford Press, New York 1990

Pink, Daniel H.: Drive. Was Sie wirklich motiviert. Ecowin Verlag, Salzburg 2010

Pressman, Sarah: Considering the Smile in Health & Positive Psychology, in: IPPA Newsletter, Vol. 6, No. 1, 2013

Quoidbach, Jordi: Money Giveth, Money Taketh Away: The Dual Effect of Wealth, in Psychological Science, http://www.heise.de/tp/r4/artikel/32/32169/1.html

Rantala, Markus J. et al.: Facial Attractiveness is Related to Women's Cortisol and Body Fat, But not With Immune Responsiveness. Biology Letters 9, 2013, http://dx.doi.org/10.1098/rsbl.2013.0255

Rapaport, Mark H. et al.: A Preliminary Study of the Effects of a Single Session of Swedish Massage on Hypothalamic–Pituitary–Adrenal and Immune Function in Normal Individuals, in: The Journal of Alternative and Complementary Medicine, Vol. 16, No. 10, 2014

Rath, Tom; Clifton, Donald O.: Wie voll ist Ihr Eimer? Positive Strategien für Beruf und Alltag. Wiley-VCH Verlag, Weinheim 2012

Reiss, Steven: Der innere Wille entscheidet, wie weit wir kommen. Wie wir uns motivieren können, in: Welt der Wunder Kompakt 1/2013

Scherer, Hermann: Der Weg zum Topspeaker: Wie Trainer sich wandeln, um als Redner zu begeistern. Gabal, Offenbach 2012

Scherer, Hermann: Glückskinder. Warum manche lebenslang Chancen suchen – und andere sie täglich nutzen. Campus Verlag, Frankfurt/New York 2011

Schmacke, Norbert: Häufigkeit seelischer Erkrankungen. Die Frage nach der »wahren« Prävalenz ist kein akademischer Luxus. In: GGW, Jg. 12, Heft 3

Schmid, Simone: Küsse gegen Stress (Paarforscher Guy Bodenmann über die Korrelation von Alltagsstress und Beziehungskrisen), in: NZZ am Sonntag, 24. Juli 2011

Schuhmacher, Stephan; Seligmann, Martin: Flourish – Wie Menschen aufblühen. Die Positive Psychologie des gelingenden Lebens. Kösel-Verlag, München 2012

Seligman, Martin et al.: Positive Psychology in Progress. Empirical Validation of Interventions, in: American Psychologist, Vol. 60, No. 5, 2005

Spitzer, Manfred: Computer sind Lernverhinderungsmaschinen. Interview in: Human Resources Manager, 2012

Stöcker, Christian: Stressabbau bei Frauen: Massieren ist besser als Reden, http://www.spiegel.de/wissenschaft/mensch/stressabbau-bei-frauen-massieren-ist-besser-als-reden-a-487005.html, aufgerufen am 09.09.2013,

Thomä, Dieter: Das Glück bei der Arbeit, DASA-Symposium, Dortmund 2012

TK-Stress-Studie NRW-Studenten 2012, Ergebnisse einer repräsentativen Forsa-Umfrage aus Mai 2012, www.tk.de/centaurus/servlet/contentblob/456454/Datei/60355/Forsa-StudieStudentenalltag in NRW.pdf

Tracy, Brian: Eat that Frog. Gabal Verlag, Offenbach 2002

Vopel, Klaus W.: Praxis der positiven Psychologie. Übungen, Experimente, Rituale. iskopress, Salzhausen 2009

West, Sheila et al.: Diets Containing Pistachios Reduce Systolic Blood Pressure and Peripheral Vascular Responses to Stress in Adults with Dyslipidemia, in: Hypertension, 2012, http://www.presseportal.de/pm/103484/2336217/neue-studie-pistazien-helfen-stress-abzubauen-amerikanische-pistazien-als-antistress-food, aufgerufen am 09.09.2013

Weiss, Piper: You Can Really Die from a Broken Heart: Study. In: Healthy Living 2012, http://shine.yahoo.com/healthy-living/really-die-broken-heart-study-175000128.html, aufgerufen am 18.12.2013

Williams, Ray: Do Self-Affirmations Work? A Revisit: Self-Affirmations May or May not Help Change Behavior and Self-Esteem, in: Wired for Success, 2013, http://www.psychologytoday.com/blog/wired-success/201305/do-self-affirmations-work-revisit?utm_source=buffer&utm_campaign=Buffer&utm_content=buffer05c60&utm_medium=twitter, aufgerufen am 07.01.2014

Zhang, Jia Wie; Howell, Ryan T.: Do time perspectives predict unique variance in life satisfaction beyond personality traits?, Personality and Individual Differences, Vol. 50, No. 8, 2011